Alexander Merl

Fragmente eines Schuldigen

Die ewige Wiederkehr der Schuld als
naturphilosophisches Phänomen

Bibliografische Information
der Deutschen Nationalbibliothek:

Die Deutsche Nationalbibliothek
verzeichnet diese Publikation in
der Deutschen Nationalbibliografie.
Detaillierte bibliografische Daten
sind im Internet über
http://www.d-nb.de abrufbar.

Alle Rechte der Verbreitung,
auch durch Film, Funk und Fernsehen,
fotomechanische Wiedergabe,
Tonträger, elektronische Datenträger und
auszugsweisen Nachdruck,
sind vorbehalten.

www.vindobonaverlag.com

© 2022 Vindobona Verlag

ISBN 978-3-949263-53-8
Lektorat: Mag. Angelika Mählich
Umschlaggestaltung: Julia Al-Bayati
Layout & Satz: Vindobona Verlag

Gedruckt in der Europäischen Union
auf umweltfreundlichem, chlor- und
säurefrei gebleichtem Papier.

Von der ewigen Wiederkehr der Schuld; und der Furcht davor.

Die Maxime unserer Gesellschaft: Der Mensch ist nichts – der Mensch ist Gott.

Ich bin kein Held des Eigentums.

Als sich der Mensch gottgleich erhob – und der Teufel selbst gelangweilt sich von der Welt abwandte und des Menschen überdrüssig wurde – suchte der Teufel nach seinem Vater, der selbst irrlichternd in seinem Himmelreich den Zweck seiner Schöpfung ergründen wollte.

Grübelnd und verloren fand der Teufel seinen Vater im letzten Winkel seines Himmelreichs und riss den alten Mann aus seiner Trübsal. „Was grübelst du, alter Mann!!!??? – Steht's denn so schlecht um den Menschen?

Will er gar seinen Schöpfer nicht mehr kennen?!!! – Oder braucht er ihn vielleicht gar nicht mehr?!!!"

Der alte Mann lächelte und erwiderte: „Du, Verneiner meiner Schöpfung, wärst nicht hier bei mir, wenn dir meine Schöpfung gleichgültig wäre. Nun denn, was willst du?!" Der Teufel setzte sich überschwänglich neben den alten Mann und seufzte: „Es scheint fast so, dass sich deine Schöpfung an deinem Ebenbild nicht mehr ergötzen kann – gar lieber wäre es den Menschen, in die Leere zu starren, als sich selbst zu erkennen. Deine Sorgfalt und Liebe, jeden Menschen einzigartig nach deinem Ebenbilde zu bauen – sein Schicksal selbst anzustoßen – scheint überholt. Und du musst zugeben, deine Schöpfung bereitet nicht wenig Arbeit – denn jeder Mensch will nach dir geformt sein. Deshalb wundert mich auch dein Gleichmut, dich bei jedem Menschen in seiner Erschaffung übertreffen zu wollen, obschon der Mensch sein Schicksal verdammen will und die Leere vorzieht."

Nach einiger Zeit antwortete der alte Mann: „Selbst die Zurückweisung meines Geschenks schmälert nicht die Liebe zu meiner Schöpfung." Der Teufel setzte nach: „Aber wenn deine Liebe zu den Menschen so groß ist, dann erschaffe sie doch nach ihrem Maßstab!!! – Deine Mühsal wird nicht belohnt, nein, sie wird verachtet!!!"

„Was schlägst du also vor?! – Wie kann ich den Menschen Glück und Frohsinn bringen?!", fragte der alte Mann.

„Ich kann dir eine Maschine bauen, die dir viel Arbeit abnimmt und den Menschen glücklich macht. Eine Maschine, die fehlerfrei einen perfekten Menschen schafft. Sie wird die Menschen nach ihrem Ebenbilde fertigen – das Schicksal der Menschen wird eins sein. Keine Unterschiede treiben die Menschen an – die Menschen werden der Untaten müde werden – die Laster der Menschen werden sich auflösen."

„Wenn diese Maschine fehlerfrei arbeiten sollte, was wäre denn meine Aufgabe? – Wie kann ich meine Liebe zu den Menschen offenbaren? – Sie haben doch kein Schicksal und auch keinen freien Willen mehr!!!", murmelte der alte Mann. „Aber sie sind auch frei von Schuld – die Menschen brauchen deine Gnade nicht mehr", warf der Teufel ein. „Du kannst dem Menschen aber seine Schuld immer noch geben! Du musst die Schöpfung aus der Maschine nur in Gut und Böse unterteilen – dann haben sie auch ein Schicksal."

„Warum soll ich mich vorne hinstellen und die Menschen in Gut und Böse unterteilen, wenn sie doch alle dasselbe Schicksal teilen?!!!"

Der Teufel grinste und sagte: „Ach, Vater, wenn die Menschen nicht wissen, dass sie gute und schlechte Taten vollbringen können, wie soll ich sie dann versuchen?!"

„Sieh an ... Die Freiheit trotzt dem bösen Geist, wenn er doch das Gute meint!", entgegnete der alte Mann – stand auf und ging seines Weges.

Was in Bewegung gerät, das sollten wir nicht aufhalten. Der Stillstand ist das große Übel, wovor es den neuen Menschen schreckt. So maßt er sich das Recht, wenn nicht gar die Pflicht an, den Fortschritt vor sich herzutreiben. Dass unter diesem Fortschritt ja das Gute gedeiht, um den Einzelnen in den Stand des neuen Menschen zu heben. Aber nur so lange, als sein Platz *notwendig* gut bleibt.

„Der Ungelehrte als reicher Kaufmann" oder „Der grausame Herrscher als Gelehrter". | Heutzutage beides kein glücklicher Zufall, sondern erschreckende Realität.

Ein Mensch steigt empor, der andere wiederum fällt und war bald vergessen. Zwischen Mitleid, Häme und Unverständnis klappert und zuckt das innere Gerüst des neuen Menschen auf der Bühne der Barmherzigkeit. Denn alles Teilen schmälert den neuen Menschen in seiner selbstgefälligen Entfaltung. So ist denn alle Teilhabe am Elend bereits abgeworfener und verbrauchter Lebenswille – ein verfaulter Lebenswille, der bloß dem eigenen Befinden störend ist. Der Elende wird überhäuft von ausgeschiedenem Lebenswillen des neuen Menschen ... das Ethos des neuen Menschen ist die Katharsis unnützer Menschheit. Der neue Mensch durchschreitet seltsame Phasen der Entwicklung bis dahin, als seine Leidenschaften institutionalisiert werden; und er letztlich seine Freiheit verwirkt, aber uneingeschränktes Recht auf die Existenz der Elenden besitzt.

Und wer denkt, ist durchaus wütend ... und ewig kein Friede.

Im eigentlichen Sinne ist alles danach entstanden, um auseinanderzustreben. Wie anders sollte sich der Mensch überhaupt nach irgendetwas sehnen, wenn nicht ein Teil weit fern von ihm denselben Gesetzen gehorcht?

Wir wissen nur einen Bruchteil dieser Welt, maßen uns aber an, die Welt ungefähr zu verstehen.

Jeder Mensch schafft sich seinen eigenen Gott; das Abbild eines jeden Menschen-Gott.

Die Entfremdung. Der Übergang in ein neues Zeitalter. Die Vernunft besiegt den Mythos? – Oder ist die Vernunft schon längst Mythos geworden? Erst recht, als sie sich zum letzten Richter krönte?

Jede Leidenschaft erhebt Anspruch auf Gerechtigkeit. Aber das Leiden schafft keine Gerechtigkeit.

Nur große Menschen sind zu wahrem Leiden zugänglich.

Nichts kann ich gewiss von mir behaupten.

Nicht das Gesetz schützt mein Gegenüber vor mir, sondern mein Gewissen. Wer ist nun moralischer: Jener, welcher sich dem Gesetz unterwirft, oder jener, welcher nur seinem Gewissen folgt?

Zu behaupten, ein Krieg sei ein moralischer Fehler gewesen, macht diese Aussage keineswegs moralischer. Es war ja nicht der erste Krieg in der Geschichte der Menschheit.
    Dynamik des Krieges: Befriedung durch Töten.
    All die Ausflüchte und Fragen sind in der Vergegenwärtigung dieser Tatsache völlig belanglos.

Gesellschaftliche Prozesse wirken entropisch. Das gesellschaftliche Regelwerk wirkt ohnehin nur im Augenblick. Der einzelne Beobachter wiegt sich in Sicherheit durch *augenscheinliche* Ordnung, welche jeglicher Bedrohung standhält – der Schrecken ist groß, wenn die Bedrohung unmittelbar erlebt wird.

Nicht der Zusammenbruch einer Gesellschaft ist die Wiederholung der Geschichte, sondern der Prozess dorthin ist die zyklische Wiederholung der Geschichte.
    Ein Kreis – seine Größe liegt eingeschrieben in der jeweiligen Kultur und ihrer Dauer.

Ein großes Herz ist ein stilles Herz. Denn Schweigen ist bekanntlich Gold.

Nur das Bewusstmachen von Tradition kann seine Auflösung sein. Bloß die begriffliche Reaktion – die Begriffsbastelei – ist nicht ihre Auflösung, sondern ein Garant für dauerhafte Existenz ...

Die Freiheit darf kein Geheimnis sein. Der Antrieb eines politischen Systems ist die Geheimhaltung des freien Willens. Wer im Dunkeln seine Freiheit lebt, wird im Licht leicht erblinden.

Der Tag wird kommen, da meine Existenz gelöscht sein wird. Wer bin ich danach? Wer war ich zuvor?

Das edle Herz verliert immer das Spiel. Spielen ist Täuschen.

Es ist durchaus richtig anzumerken: Ich bin nicht da, oder besser gesagt: Ich war nie da!

Alles ist anders – und der neue Tag bricht an. Sonnenstrahlen durchfluten die Gassen, eine leichte Brise hebt die Stimmung.

Es gibt Orte, die nicht auf Wegweisern und Karten zu finden sind. Sie sind Spiegelungen.

Keine Hoffnung für diese Welt, keine Hoffnung für den Einzelnen. Große Worte, leere Phrasen, keine Taten.

Alles ist im Zerfallen begriffen: Jeder Schritt muss ein geübter sein: mit Vorsicht, größtmöglichen Geschick und unerschrockenem Blick.

Der Rückzug der Sinne ist eine Aufgabe des Geistes. Er ist gefährlich; leicht verirrt der Geist sich in der Schlichtheit der Sinne – zwar sind die Sinne konzentriert, aber damit auch tief.

Ein klarer Blick schützt uns vor dem Blendwerk!

Das Böse hat keinen Urgrund, es ist immer schon. Der Mensch ist ein guter Wirt und ein geduldiger Träger; das Mittelmaß arbeitet darauf hin.

Problem der Moderne: Nur der Mythos entfesselt die Urkraft – das Dumme und Scheußliche gedeiht unter halbherzigem Mittelmaß und affektierter Vernunft.

Der Logos kann nur mit dem Mythos erstrahlen.

Der Ehrgeiz ist nicht nur der Tod des Denkens, er ist in größerem Maße auch der Tod jeglicher Zivilisation. Was hält ein Staatengebilde am Leben? Der Verzicht?! Nur der Verzicht weniger ehrbarer Menschen schafft dauerhaften Frieden.

Ich bin da gelandet, wo Max Stirner einst war. Aber der Flug hat erst begonnen.

Der andauernde Kampf in uns selbst sichert den Frieden der anderen.

Der Mensch ist nur ein Geschöpf. So tief er sich denkt, so weit hallt sein Flehen nach Einzigartigkeit. Als ob die Schöpfung nur auf ihn gewartete hätte.

So bleibt der Mensch mir stets fremd. Besser für den Menschen …

Was folgt der jugendlichen Leichtigkeit? – Eiserne Disziplin?!

Täglich wächst der Berg der Ignoranz und Dummheit weiter in die Höhe. Aber den Himmel wird er nie erreichen …

Welt ohne Zweifel – eine verkrüppelte Weltschau. Eindeutig soll die Sprache sein? – Als wären Taten und ihre Folgen wahrhaftiger, weil ohne Zweifel?!

Die Frage, die übrig bleibt: Wie bestialisch kann der Mensch sein oder wie menschlich handelt die Bestie?

Wenn Dichter zu Mörder werden – die Wahrheit über das Sterben.

Der Weg des Planeten – der Weg des Menschen, ein Sternbild?

Der allgemeinen Empörung ist die Unwissenheit ein guter Freund.

Freiheit ist Einsicht in die Notwendigkeit; und diese Einsicht ist teuer.

So sind die Selbst- und Fremdzuschreibungen der Völker ein Schutzbrief für allerlei Unsinn und Elend.
Herren und Sklaven der Geschichte; aus gegenwärtiger Perspektive ist das wohl kaum unterscheidbar. Die Ein- und Aussicht der Nationalität verschleiert das Vorurteil. Und ewig kein Friede.

Im Leben passieren Fehler. Und diese Fehler hinterlassen Wunden. Oft sind es nur kleine, schnell heilende Wunden. Manchmal sind es tiefe, schmerzende Wunden – und ihre Heilung obliegt alleinig dem Schicksal.

Ein schwacher Geist verlässt sich gern auf Umwege.

Was gibt dem Einzelnen in unsicheren Zeiten den notwendigen Halt? – Eine einfache und starke Geste.

Wie kann ein Mensch überhaupt fühlen, wenn das Fühlen bloß eine Meinung ist; seine Meinung ist? Eine Meinung, die immer dann sich anschickt, wenn es eigentlich nottut, die Vernunft einzufordern.

Jeder Mensch trägt seinen Mythos mit sich.

Aber diese kritische Öffentlichkeit, welche sich bestens informiert und selig glaubt, raubt mir jeden versöhnlichen Gedanken. Mir schwindet jegliche wohlwollende Anstrengung, wenn über derart niederträchtigem Geschwätz, einfältiger Verbildung, frecher Borniertheit und letztendlich unverhohlenem Hass, Neid und Missgunst eine Idee von Freiheit verbreitet wird, die schlimmer als das Unrecht ist, gegen das sie aufzustehen glaubt.
Um mündig und frei zu sein, braucht es den Mut des Einzelnen. Nicht die kritische Öffentlichkeit.

Der Mythos, das Böse selbst, tot und begraben – das glauben unsere hohen Gelehrten und wollen es bewiesen haben ...
 „Es geht über die Macht der Philosophie hinaus, die politischen Mythen zu zerstören. Ein Mythos ist in gewissem Sinne unverwundbar. Er ist für rationale Argumente undurchdringlich; er kann nicht durch Syllogismen widerlegt werden. Aber die Philosophie kann uns einen anderen wichtigen Dienst leisten. Sie kann uns den Gegner verstehen machen. Um einen Feind zu bekämpfen, muss man ihn kennen."[1]
 Als ob der Mythos über den philosophischen Logos zerstört oder verstanden werden kann, welcher doch erst über den Mythos die menschlichen Geschicke und Selbstschau ermöglicht.

Was fällt alles unter die Rubrik Stammtischgerede? – Das Geschwätz der kritischen Öffentlichkeit. Nur brauchen sich die besonders klugen Damen und Herren nicht in dunklen Kellern zu verstecken.

---

[1] Ernst Cassirer, Vom Mythus des Staates

Intellekt heute findet sich als unwichtige Fußnote zwischen den Meldungen der geschalteten Tagesnachrichten.

Jeder einzelne Augenblick, jede kleinste Zeiteinheit muss der Mensch konservieren; in der Präzision ist der Geist lebendig. Nur hier ist der Mensch auch Geist. Erinnern ist nur ein anderer Begriff für Veränderung.

Dem Fortgang der Geschichte haftet das Antlitz großer Geister an. Und groß sind diese Geister nicht, weil sie in den Geschichtsbüchern verewigt, das jeweilige Zeitalter belehren und erstaunen – nein, groß sind diejenigen Geister, die auf keiner Seite der Geschichtsbücher zu finden sind, aber in ihrem Verzicht ewigen Ruhms still und leise die Menschheit aufs Neue hin gerettet und noch retten werden. Diese großartige Eigenschaft wollen wir menschliche Tugend nennen.

Es sollte nach Jahrhunderten der Aufklärung und Herrschaft der Vernunft als selbstverständlich gelten, dass staatstragende Prozesse und der würdevolle Umgang mit dem Menschen überhaupt keiner emotionalen und affekthaschenden Gleichmacherei bedarf, um der Vernunft als oberstes Prinzip vollends zu dienen. Gesetzt sei, die Vernunft erstrahlt im hellen Licht und der Logos wirkt im Verborgenen.

Die großen Ideologien sind verschwunden, was übrigbleibt, ist der Mensch – in all seiner Einzigartigkeit und Einsamkeit vor dem Koloss der Geschichte …

Ich bin weit weg. Orte …

Auch wenn die menschlichen Katastrophen wissenschaftlich als technische und soziale Katastrophen ableitbar geworden sind, bleibt die Furcht des Lebendigen vor der Endlichkeit standhaft. Mehr noch, sie ist das Epizentrum weiterer Katastrophen.

Technologische Abwägung und Hysterie. Technologie und Hysterie. Dieser Umstand muss der *Conditio humana* der Moderne grundlegend sein.

„Den Diktaturen ist der Nachweis wichtig, dass die Freiheit, Nein zu sagen, bei ihnen nicht ausgestorben ist. Darin liegt eines der größten Komplimente, die man der Freiheit machen kann."[2]

Mit der Freiheit lebt es sich gefährlich – auch wenn wir sie verleugnen.

Zu glauben, wir hätten den widerrechtlichen Zugriff auf unser Leben durch Beendigung der Unrechtsregime im 20. Jahrhunderts abgeschüttelt, ist naiv und zeugt von einer ideologischen Verblendung ungeheurer Ausmaße.

Endlose Solidarität und Doppelmoral in der Horizontalen, Verachtung und Neid in der Vertikalen. Ganz oben die gesichtslose Selbstverwirklichung des konditionierten Weltbürgers; ganz unten die entmenschlichte Fratze der Wirklichkeit.

Und zwischen den Segmenten weht der süße Duft des Eigentums – als Endzweck des neuen Menschen.

Wir sind schon in eine geschichtliche Phase eingetreten, wo bereits grundlegende Ideologien und Überzeugungen rein als materielle Güter gehandelt werden.

Selbst der Tod erscheint nur noch dann sinnvoll, wenn alle Möglichkeiten zur Lebensverlängerung verbraucht worden sind.

Es ist ein- und dieselbe Vernunft, welche in der Dunkelheit den Teufel erkennt, im Lichte aber den Prediger der Herzen.

„Ihr bösen Eltern, merket dies, ihr sammelt euren Kindern Geld; sammelt ihnen gute Seelen, es ist ihnen nötiger."[3]

---

2 Ernst Jünger, Der Waldgang
3 Jacob Böhme, Psychologia vera

Im Kindesalter legt sich die Furcht vor dem Unbekannten wie ein Schleier über die Alltäglichkeit der Erscheinungen. So erblickt das Kind in den Dingen nicht den menschlichen Zweck, sondern das Wunder. Und das lässt einen bald erschauern.

Anders sein! ... Schutz vor der Gleichartigkeit. Ich habe die grundlegende Furcht der Menschen nicht gespürt; aber sie nimmt Gestalt an. Habe ich die Bedrohung bis jetzt übersehen? Als würden alle – gefüllt mit Hass und Neid – mit dem Finger zeigen und sagen: „Seht, das soll er sein?"

Gute Kunst stößt sich an ihren Grenzen ab, manchmal überschreitet sie diese. Die Grenzen, an welchen der Künstler seine Existenz bestreitet, sind auch die Grenzen der jeweiligen Gesellschaft und ihrer Zeit. Wer aus der Masse und ihren Grenzen tritt, gilt als verdächtig.

So kann denn eine gute Handlung, ferner eine Handlung überhaupt, nur im Glauben wirklich sein? Anders gesagt, erst durch den Glauben fügt sich die Handlung in die Schöpfung.

Alles andere ist eine Aneinanderreihung in der Zeit, Ursache und Wirkung; ewige Wiederkehr der Schuld.

„Labor der Moderne." Es kann auch zu Katastrophen kommen und die künstlich hergestellte Apparatur fliegt einem um die Ohren.

Kommen der Wolf zur Herde und der Dieb zum Eide,
so haben gewonnen beide. Sprichwort

Im ideologischen Dünkel kann ein Naheverhältnis unverträglicher Meinungen nicht ausgeschlossen werden.

Eine auf ihre Psychologie beschränkte Gesellschaft ist nur in einer linearen Entwicklung sinnvoll und haltbar – in der Überschaubarkeit und letztendlich in der Konditionierung einer Massengesellschaft.

Jede Erinnerung ist ein Rätsel der Zeit. Ein Leben endet – ein Leben beginnt.

Macht (Freiheit?) ist Einsicht in die Notwendigkeit.

Das Böse gedeiht unter der Verknappung der Zeit.

Ursache und Wirkung = Ewige Wiederkehr der Schuld

Genau so müsste sich ein Novembertag vor dreißig Jahren angefühlt haben. Derselbe rissige Asphalt, der leichte Regen in einer doch zu warmen Herbstnacht.

Die Gemeinsamkeit in den Formen der Gleichmacherei oder anders gesagt – die Wurzel ihres großen Unrechts: Bewertung und Entwertung der Völker.

Der Irrsinn ist ein Meister der Relation!

Wir sprechen heute von der Intelligenz des Typus Mensch; nicht von einer Intelligenz des Individuums.
So haben die Philosophen und Denker seit Anbeginn Klarheit schaffen wollen. Die grundlegenden Eigenschaften des Menschen – ein Jahrzehnt, ein Jahrhundert, ein Jahrtausend; nichts konnte bis jetzt hinzugefügt oder als verbessert wahrgenommen werden.
Die Versuche, in der Rückkoppelung auf größtmögliche Klarheit und Einfachheit ein allgemeingültiges Prinzip für das Tier Mensch zu entwickeln, sind bisweilen fehlgeschlagen.
So kämpften Denker und Philosophen hartnäckig gegen den verruchten Menschenteich und scheiterten. Jeder in seiner ihm zugestandenen Zeit und Epoche.

Die Freiheitsgrade, im zeitlichen Zusammenhang gesehen, mögen ihre Berechtigung haben; nur ist der Mensch seiner Epoche eben nur in dieser denkbar. Und der Übergang eines Systems in das nächste passiert nicht über Nacht. Die Historiker berufen sich zwar auf bedeutende Ereignisse, aber diese Ereignisse sind ohne zeitliche Vorarbeit nicht denkbar usw.

Der Arbeiter als gesellschaftlicher Stand existiert nicht mehr (oder hat er überhaupt jemals existiert?). Das Bewusstsein ist der Funktion gewichen. Auch der Wirtschaftsboss ist Arbeiter. Wir alle sind Arbeiter in einer globalen Welt – welch ein Segen ...

Ohne Arbeiter keine globale Welt?

„Im grenzenlosen digitalen Raum treten die selbsterklärten Gelehrten und Schlauköpfe Soundso auf, die auserwählten Günstlinge der aufgeklärten Welt, sie treten auf vor einem auserwählten Kreis von Auserwählten, und predigen gerührt über die von ihnen selbst ausgewählten Wahrheiten: ‚Die Wissenschaft hat auserwählt das Geringe vor der Welt und das Verachtete' – und da ist niemand, der lacht."[4]

Tatsächlich spielt aber die Zeitwahrnehmung eine größere Rolle, eben weil sie nicht nur linearen Gesetzmäßigkeiten folgt. Die Moderne hat sich aber auf zeitliche Linearität gegründet; im Fortschrittsdenken, in horizontalen Ordnungen, breiten Massenbewegungen. Es mag für die vom Menschen erschaffene Technologie stimmen, bei kosmischen Ereignissen spielt dann die Zeit keine Rolle mehr. So könnte ich über das jeweilige Zeitverständnis auf die politische Ausrichtung schließen? Also die Zeit als ideologisches Element.

---

4 In Anlehnung an Sören Kierkegaard, Der Augenblick: „In der prächtigen Domkirche tritt der hochwohlgeborne, hochwürdige, geheime General-Oberhofprediger auf, der ausgewählte Günstling der vornehmen Welt, er tritt auf vor einem auserwählten Kreis von Auserwählten und predigt gerührt über den von ihm selbst ausgewählten Text: „Gott hat auserwählt das Geringe vor der Welt und das Verachtete – und da ist niemand, der lacht."

So glaube ich, dass nur in der Dichtung Wahrheit angedeutet werden kann.

Man muss den Blick auf die Ewigkeit richten, um das Gegenwärtige zu erkennen.

Sog des Nihilismus – die Rache der Mittelmäßigkeit.

Sehr schlecht steht es für eine Demokratie, wenn die obersten Vertreter den Souverän mit unmündigen Untertanen verwechseln.

Der Begriff Glück unterliegt einer Unschärfe. Viel wird darüber gedacht und geschrieben – und nebenbei wurde der Begriff missbraucht und beschmutzt. Wenn der heutige Glücksbegriff nur annähernd mit der Freiheit korrelieren würde, dann hätten die Herrschaft und ihre willfährigen Büttel das Glück des Einzelnen sofort aus ihrer Agenda gestrichen.

Die Bilder eilen vorbei; und nichts bleibt übrig. Im Moment fehlt es mir an nichts. Doch eine Straße weiter passiert ein Unglück.

Die Worte Kants „*Habe Mut, dich deines eigenen Verstandes zu bedienen!*" habe ich bis vor einigen Jahren als selbstverständlich abgetan. Heute muss ich zugeben, dass der Mut bei den Gelehrten nur dann zu wirken beginnt, wenn der Verstand nachlässt ...

Der schärfste Verstand vermag nur wenig auszurichten, wenn der Teufel nach der Seele greift. Wie denn sonst haben die klügsten Köpfe die größte Not nicht verhindern können, gar zur schwersten Not helfend mitgewirkt?

So nah wir uns dem Gegenüber auch glauben, weil täglich durch Konsum und Technologie versprochen, so einsam bleiben wir inmitten des allgemeinen Wohlfühlens zurück. Wo beginnt der Widerstand? – Doch nicht im Wohlfühlen ...

Die lange Nacht der Bewusstlosen – und kein Ende in Sicht.

Je herrlicher der Schein, desto unterwürfiger das Volk.

Das schleichende Gift der Moral ...

Nachdem die herrschende Moral die Gesellschaft vollends durchdrungen und den gehassten Feind auf die Schlachtbank geführt hat, steigerten sich die feinen individuellen Sticheleien der Menschen untereinander zu tiefen und schmerzhaften Wunden. Das Blut floss in Strömen und selbst die heilende Zeit tickte gegen den Uhrzeigersinn.

Du kannst nicht ändern, was du bist.

Wenn es jemals eine Armee gegeben hat, welche sich keiner Kriegsverbrechen schuldig gemacht hätte, müsste dieser Armee der Friedensnobelpreis nachträglich verliehen werden ...

Ob ich was erreichen will? Was soll ein Mensch erreichen müssen?
    Und wenn die Erde aus den Fugen gerät, ist unser Schicksal bedeutungslos.

Von den allerersten Menschen und ihrer Weissagung.

Man möchte fast meinen, das menschliche Verhalten folgt den Gesetzen eines Kartenspiels. Alleinig der offensichtliche Betrug zeugt von Aufrichtigkeit.

Die Zeit ist der Schlüssel zur Ewigkeit?! Welch ein Irrsinn muss uns getrieben haben, die Zeit mit Ewigkeit gleichzusetzen ...

Der wahre Held ist sein Mythos.

Der Zorn der Verlierer und Vergessenen bleibt nicht unbeantwortet. Er wird sich immer ein Ventil finden.

Der ideologische Kampf basiert auf einer anderen Wahrnehmung der Zeit.

Ein Schauspiel, das seit Monaten Menschen und Meinungsmacher beherrscht. Die Massen geraten in Bewegung; das Hinzutretende gibt die Richtung vor.

Herrschen heutzutage ist wahrlich ein Kinderspiel.

Artistik ohne Kultur.

Ihr wollt Teil von etwas Größerem sein; und wenn es nur eine Meinung ist. Ich bin groß, aber ihr seid kein Teil von mir. Denn wahre Größe ist nicht teilbar.

Das Leiden im Suchen des Ausdrucks!

Keine Existenz ohne Freiheit.

Das Ende aller Kultur ist die Zivilisation – die letztmögliche Entfremdung des Menschen aus seiner Umwelt ist die Vernichtung.

Es gibt nichts Einfacheres als den Glauben. Die einzige Tugend, die ein Mensch aufbringen muss, ist ...?

Sie sind alle unschuldig – sie waren immer unschuldig und sind es auch jetzt. Und unschuldig bin ich nie gewesen. Ich mag keine unschuldigen Menschen ... es überkommt mich ein Ekel.

Wer über Jahrhunderte und Jahrtausende denken kann, hat zumindest seine eigene Lebenszeit widerlegt.

> „Seelenbrenner, wer nicht versteht;
> Leer für alle Zeit, fremd für alle Welt.
> Aus dem Herz her fluten Qualen
> Doch schweigt sich die Seele tot."

Zweifle an jeder erdenklichen moralischen als auch vernünftigen Einsicht, die uns glaubhaft und wissenschaftlich über die Herrschaft und seiner Kanäle vorgesetzt wird. Ferner an der Vernunft gesamtgesellschaftlicher Prozesse überhaupt. Wo der Logos den Mythos negiert, ist Vorsicht geboten. Der Philosoph als Persona non grata.

Und von der Liebe habe ich keine Ahnung.

Wenn die Sprache nicht Dichtung ist, sind ihre Früchte meist faul ... nicht nur Menschen können einander ausschließen; Begriffe können das auch.

Hinter den Ereignissen lehrt der Meister seine Schüler. Glück der Welt, wenn nichts geschieht – doch die Gedanken färben sich rot.

Ob jemand nun bewusst oder unbewusst sich im Dienst der Macht sein Seelenheil findet, ist einerlei. Der Verzicht der wenigen garantiert seine Vergebung.

Der gerechte Herrscher kennt keine Gnade.

Von der Tatkraft aus niederen Beweggründen und seine Berechtigung.

Konditionierung durch Phrasen. Erniedrigung und Erhöhung folgen einem ideologischen Muster – gesellschaftliche Konditionierung durch humanitäre Phrasen.

> *„Discant hab ich als Kind gesungen*
> *Als Knabe weiht' ich mich dem Alt*
> *Dem Mann ist der Tenor gelungen*
> *In Tiefen jetzt die Stimm' verhallt.*

> *Laß, Wandrer, Gott den Herrn uns loben*
> *Sei dumpfer Bass mein Ton,*
> *Die Seele bei ihm oben!"*[5]

Freiheit ist Einsicht in die Notwendigkeit | ODER | Macht ist Einsicht in die Notwendigkeit.

Wer an der Quelle sitzt, braucht nicht nach dem Ursprung fragen – die Geburtsstunde der Lüge.

Das Schicksal arbeitet präziser als jede Statistik.

Die Grenzen meiner Sprache sind die Grenzen meiner Welt. Es scheint mir, dass nur in der Dichtung diese Grenzen verschwinden; ja, überhaupt keinen Sinn ergeben.

Ein Hofnarr erklärt der Masse ihre Weltanschauung. Schlimm daran ist, dass wahrscheinlich beinahe die gesamte lachende Meute sich in ihrer Wahrnehmung bestätigt fühlt. Ob das jetzt gut oder schlecht ist, spielt dabei keine Rolle.

Was nützt mir die Macht, wenn ich nicht herrschen will.
Was nützt mir das Herrschen, wenn ich keine Macht habe.

Humanismus, ohne dass er auf dem Fundament der Freiheit baut, fehlt es an jeglicher Legitimation. Die Moral kann nie als Fundament des Humanismus gelten.
    Jeder Mensch ist frei geboren; aber nicht jeder Mensch ist frei von Moral.

Einleitung und Schluss. Danke – so viel zum menschlichen Leben auf der Erde.

---

5 Orlando di Lasso

Gewagte Thesen, Theorien und Visionen haben auf den Universitäten weltweit nichts verloren.

Originäre Denker sind der Feind aller Herrschaften. Und die globale engmaschige Vernetzung bewirkt geradezu das Gegenteil: die Freiheit als Taumelplatz der Macht.

Ein Schaf wird nicht gefährlicher, wenn es glaubt, ein Wolf zu sein.

Zurichtung der Gesellschaft

In unserer freien Gesellschaft werden nur Wahrheiten verbreitet, die in höchstem Grade ungefährlich sind. Wo diese pervertierte Form der Wahrheit gesprochen wird, ist die Herrschaft sodann nicht weit.

Sie wollen den Menschen seinem Schicksal berauben – den Menschen aus seiner Verantwortung nehmen. Nicht nur seine Selbstbestimmung wird ihm verwehrt, sondern seine ganz persönliche Schuld wird ihm genommen.

Ich möchte in der Zeit vergehen.

Die höchste ästhetische Anschauung manifestiert sich dem Menschen durch die Zeit.

Zu glauben, dass es einen Schöpfergott gibt, ist dann doch sehr kühn?!

Renaissance: Lebenslust und Tragik, Gelehrsamkeit und Freigeisterei, Humanismus und Grausamkeit.

Alltagshelden ohne Mythos.

Widerstand ist nicht konsumtauglich. Deshalb kann es auch keine westliche Revolution mehr geben.

Aus den Aufzeichnungen des Xenophons:

„Ich fessle mich an keinen Staat, sondern lebe überall als Fremder." Leben in der Zwischenwelt.

Eine reine, einzige Moral in der politischen Wirklichkeit geltend zu machen, heißt, die Wirklichkeit zu zerstören. Einer Radikalisierung der Moral folgt das Gesetz der Freisetzung von Aggression.

Kritik ist die unterste Eskalationsstufe der Aggression. Lassen wir sie zu, um des Friedens willen.

Andererseits: Die Zu- bzw. Abrichtung der Gesellschaft und des Menschen hat heute bereits – ohne Veränderung des Erbguts – denkwürdige Ausmaße angenommen. Die Massengesellschaft ist auch ohne Eingriff kontrollierbar und zahm geworden. Auch wenn sie in unseren Tagen in eine moralische Aufgeregtheit versetzt ist.

„Die Quasi-Intellektuellen beanspruchen uneingeschränkte Freiheit für sich; für alle anderen fordern sie Gleichheit."[6]

Große Begriffe wie Humanismus und Freiheit, mit denen sich heute gerne allerorts geschmückt wird, sind leere Worthülsen, die im Dunstkreis der Macht leicht über die Lippen streichen – eine pervertierte Form der Herrschaft.

Die Verortung des Lebens. Wer sich an der Weggabelung findet, der wird sich entscheiden müssen. Gnade Gottes, wer die Richtung kennt.

Verloren, wer sich auf einer Erhöhung wiederfindet und auf den Wald herabblickt. Im Übermaß der Möglichkeiten verliert sich der Betrachter in der Dichte des Waldes. Er weiß um die Größe und Tiefe des Waldes; wie kein anderer umreist er Anfang

---

[6] Arnold Gehlen, Moral und Hypermoral

und Ende – ein Wanderer zwischen den Zeiten, auf ewig dem Schicksal entflohen.

Gnade kann nur ein göttliches Wesen erteilen; aber ein gerechter Herrscher kennt keine Gnade.

Er nimmt das Dunkle für das Tiefe,
das Wilde für das Kräftige, das Unbestimmte für das Unendliche,
das Sinnlose für das Uebersinnliche.[7]

Ich bin naiv genug, um mich nicht verstellen zu müssen.

Willst du offenkundig sehen, was für eine gottlose Sache der Krieg ist, so nimm wahr, von welchen Leuten er geführt wird.[8]

Sensible und scharfe Köpfe witterten die Furcht und die stetige Unruhe unter den Menschen ... Nicht die Mehrheit will den Krieg, sondern über die Mehrheit soll der Krieg geführt werden.

Der Jahrtausend-Mensch

Wir sind nicht im Besitz der Wahrheit – die Wahrheit ist ein Mythos.

Im Grunde ist der Faschismus ein Destillat des modernen Menschen – und zwar im wertfreien Sinn.

Die Aneignung einer Ideologie oder politischen Überzeugung korreliert mit der Wahrnehmung der Zeit. Ein Materialist leidet immer unter einer Verknappung der Zeit; seine zeitlich begrenzte Existenz ist auch die Grenze seiner Welt. Alles Schlechte muss

---

7 Friedrich Schiller, Ueber die nothwendigen Grenzen beim Gebrauch schöner Formen
8 Erasmus von Rotterdam, Die Klage des Friedens

noch in seinem Leben geschlagen – alles Gute in seinem Leben erfahren werden. Und diese zeitliche Fixierung auf das einzelne Leben und seine kurze Zeitspanne wird durch die ökonomischen Parameter kontinuierlich nachgestellt. Letztendlich wird präzise nach dem Takt der ökonomischen Uhr konsumiert; und diese zeitliche Präzision wird als Glück empfunden: Glückseinheiten durch Konsum. Je ähnlicher und gleichförmiger sich die Individuen gegenüberstehen, desto einfacher die Verwaltung und Zuschreibung – ein Glücksmoment!
    Diesen Menschen wollen wir den Minuten-Menschen nennen. Ihm gegenüber steht der Jahrtausend-Mensch.

Ein exzellenter Narr ist immer ein Spiegel seiner Herrschaft.

Fiat iustitia et pereat mundus.
    „Es soll Gerechtigkeit geschehen, und gehe auch die Welt daran zugrunde!"
    Ein großes Übel der Geschichte – wenn die gerechte Sache den Platz der Gerechtigkeit einnimmt.

Nur Narren lachen, wenn sie nicht müssen ...

Unsere Gesellschaft ist schwer erkrankt – die heilenden Tinkturen fehlen ... Die Verknappung der Existenz auf ein einzelnes Menschenleben – in Zeit und Raum – spiegelt den modernen Menschen wider. Eine Kultur der Menschlichkeit, des Gemeinwohls und Solidarität kann nur mit dem Anspruch auf Ewigkeit gedeihen und überdauern. Materieller Wohlstand allein kann die Bestie Mensch nicht zähmen.

Sich sehr bemüht im Kreis drehen – die Lust an der Gängelung. Die Beschränkung des Individuums auf seine Lebenszeit lässt jedes Ausbrechen aus den Konventionen absurd erscheinen. Der Heros, der einzige denkbare Weg zur Überwindung der Lebenszeit und die Analogie zur ursprünglichen Freiheit – wurde ja entstellt und schändlich zu Grabe getragen, um dann den durchschnittlichen

Menschen Platz zu machen. Der grausame Durchschnitt, die Zukurz-Gekommenen, die Missratenen, die Techniker der Maschine; sie sind die Herrscher unserer Zeit. Unsere Realität ist ein schlechter Witz – nur die Narren lachen über die Willkür ihrer Herrscher.

Erwartet keine Gnade von mir. Denn ihr habt keinen Gott.

Wo keine Straßen hinführen, werden auch keine Brücken gebaut.

Der hochgezüchtete Mensch wird nur ein Schatten seiner Herrschaft sein; seine Kritik nur eine Begradigung des bereits eingeschlagenen Weges eines unausgesprochenen Urteils.

Wenn die Moral im Intrigenspiel an Boden gewinnt, sind die Heiligen nicht mehr weit. Nun stellt sich die Frage, ob die Intrige – ohne Affekt und mit messerscharfem Verstand geführt – dem Durchschnittsmenschen die Bühne überlassen will.

Jedes Wort ist gefüllt mit Gift; wollt ihr nicht endlich klar sprechen?!

Das Leben als Utopie; also der Gegenentwurf zum Leben selbst. Das Besondere stellt sich gegen den Äther der Zeit; im Augenblick sind wir Gott am ähnlichsten. Im Tod sind wir eins.

Der Segen steht hoch über den wahrhaftig Gläubigen. Die Frömmler und Verneiner haben nur ihre Zeit; und doch streben sie nach ewigem Ruhm. Sie bewegen sich im Licht der Öffentlichkeit; fürwahr, im ewigen Schatten ihrer selbst – aber in der Gnade Gottes finden auch sie Frieden.

Das Auge, mit dem ich Gott sehe, ist dasselbe Auge, mit dem Gott mich sieht.[9] Oder ich führe das Schwert meines Feindes – Gott sieht durch mich.

---

9 Aus den Predigten des Meister Eckhart

Sie sind so ein unwichtiger Mitläufer, dass sie es gar nicht begreifen können, dass sie als Apologet der Herrschaft – der Macht, der sie andienen – entbehrlich sind.

Die Gelehrten aus dem Westen wollten die Diktaturen im Osten nie verstehen, deshalb war diese Entwicklung eine Überraschung für sie.

Bisher schaffte es nur eine Institution, die Frage direkt an die einzelnen Menschen zu richten: die Religion.

Aus den Tiefen: Nichts scheint größer aus dem Äther des Zeitenstroms zu strahlen als die Tugenden der schicksalhaften Gestalt. So trat er aus dem Schatten in das Licht und alles Dunkle der Welt war in ihm gebannt. Ihr folgt nicht aus bösem Eigendünkel, nein, ihr folgt dem Bösen selbst. Nun fleht zu eurem Gott, sodass er euch erhört.

Erinnerungen; weit weg.

Die letzten 200 Jahre wollten sie den Menschen neu erfinden – und sind grandios gescheitert. Das surreale Bild vom Menschen als vernünftiges Tier, das ohnehin nur zum Guten strebt, bleibt längstens im Zustand des kulturellen Niedergangs aufrecht.

In der Sprache liegt der Schlüssel zur freien Gesellschaft. Wie konnten sie das nur vergessen?
   In der Sprache liegt Ewigkeit; sie wollen aber keine Sprache, sie wollen eine Ansammlung von Zeichen und Gesten – ein steuerbares Konvolut, dass geistlos vor sich hinstirbt.

Richtig. Denn die Theorie zur Theorie ist die Dichtung – nicht die Wissenschaft. Aber die Sprache ist ja nur mehr ein Konstrukt aus Zeichen und Gesten … die Dichtung ist ein wichtiger Aspekt des Widerstandes.

Dichtung ist Verdichtung der Realität. Dichtung ist Verdichtung der Wirklichkeit – und die Nähe zur Wahrheit ist unerträglich.

Von den Sternen: Gestern träumte ich. Mein Vater ist schon vor Jahren gestorben.

Jede Revolution ist ein Scheitern. Und Blut klebt an vielen Händen.
Ob die Ideale und Ideen ausreichen, um vergangene Gräuel aus dem Gedächtnis der Opfer zu tilgen? Nein!!! Die Restauration beginnt in der Stunde null ...

> *„Nous aurions souvent honte de nos plus belles actions si le monde voyait tous les motifs qui les produisent."*[10]

Wir sind ein winziges Detail am Rande einer winzigen Galaxie. Eine zufällige Anomalie Millionen Lichtjahre entfernt würde genügen, um die Menschheitsgeschichte zu beenden. Sicher ist, dass die Menschheit ob des technologischen Fortschritts und globalen Strebens nach bedingungsloser Gleichheit in ihrer Variation abebbt und in eine nivellierte Menschenmasse übergeht. Manipulation und Kontrolle des einzelnen Individuums werden nicht mehr nötig sein, da sich der Mensch ohnehin nur in der Masse bewegen und denken kann. Welche Alternativen haben wir: Kinder Gottes zu sein – oder der Krieg gegen sich selbst?

> *„Die Rechtheit der Absicht allein macht nicht schon den ganzen guten Willen."*[11]

Das Unrecht wird überall und in jedem Winkel unserer Welt mit Eifer gesucht – und die Empörung der Gerechten ist groß, wenn sie auf das Elend stoßen; nur das unmittelbare Unrecht, das Leid

---

[10] „Wir würden uns oft unserer besten Taten schämen, wenn die Motive dafür ans Licht kämen." François de La Rochefoucauld
[11] Thomas von Aquin

ihrer Nachbarn und engsten Mitmenschen, welches tagtäglich neben ihnen passiert, wird als unpassend empfunden.

Moral ist Macht, keine Wahrheit.

Der Mensch will sein Menschsein bestätigt wissen; auch wenn andere Menschen dafür sterben müssen.

Am Ende ist nichts; nur der Tod senkt seinen Blick.

> *„Wir müssen begreifen, dass zwischen dem modernen Menschen und der christlichen Seele ebenso wenig eine Beziehung bestehen kann, wie sie zwischen dieser Seele und den antiken Götterbildern möglich war."*[12]

Wir leben auf dem Schlachtfeld der Freiheit; aber wir kämpfen um die Leere in unseren Herzen.

Der moralische Imperativ steht keinem Menschen zu.

> *„Ich bleibe an dem Grab des Mannes stehen, den ich verehrt habe, und ich denke an meine Zukunft, die schon begonnen hat."*[13]

Der Kreis schließt sich. Aber die Meinungen wachsen unerhört weiter; kaum Luft zu atmen. Begegnungen werden zu Prüfsteinen der Existenz. Sind wir schuldig?

Schuld ist Schicksal; Jesus erlöste uns von unserer Schuld – aber was bleibt dann übrig?

Orte der Ruhe sind sehr selten geworden. Die Wirbel der Zeit zehren an unserem Gemüt. Können wir der Zeit vertrauen?

---

[12] Ernst Jünger, Der Arbeiter
[13] Leon Bloy

Aufklärung: schon ein zu viel gescholtener Begriff, der dringend überdacht werden muss. Jeder beliebige Lump in der Öffentlichkeit und der Politik nimmt diesen Begriff in seinen schmutzigen Mund.

Den Teufel an die Wand zu malen, damit das eigene moralische Empfinden nicht in Konflikt mit der Wirklichkeit gerät.

Fragen für die Ewigkeit: Wo bin ich wirklich ich? Und wo fängt der andere an?

Jeder Mensch ist frei geboren; aber nicht jeder Mensch ist frei von Moral.

Ich habe nicht genug Zeit, um Vergangenes zu begraben; oder soll meine Zukunft einem Grab gleichen?

Oft reicht ein kurzer Blick – ein müdes Lächeln. Die Zukunft beginnt jetzt.

Wie hoch muss die Niedertracht im Menschgen sein, damit er glaubt, er müsse Gutes tun?

Der große Irrtum und die Selbstverleugnung der Mittelmäßigkeit: Sie wären nicht von den Leidenschaften getrieben. Aber das Zittern ist nicht zu übersehen.

Die Leugnung eines Gottes ist keine intellektuelle Leistung; sie obliegt nur der Entscheidung des Einzelnen.

Wir müssen uns glücklich schätzen: Verständige Geister haben die wissenschaftliche Herrschaft im Dunstkreis der Macht angezweifelt, sonst würden wir am Ende der Scheibe ins Nichts abstürzen …

Wenn das Gute aus der Herrschaft sprudelt, gibt es nicht genug Becher im Volk, um es aufzufangen. Ob es denn überhaupt schmeckt?

Enttäuscht schau ich in den Spiegel – keine Träne der Schuld. Abkehr vom Gewöhnlichen. Strenge Klarheit – ein Meister der Spiele.

Also eine Provokation, die keine ist; eher eine Bestätigung einer immer stärker werdenden Entfremdung.

Von der Unheimlichkeit der Klarheit.

Die Herrschaft redet sich um Kopf und Kragen. Die Argumente werden immer beliebiger; die Büttel und ihre willfährige Anhängerschaft immer dreister und dümmer.

Der Mensch ist kein Fabelwesen, aber ein Untier sondergleichen.

Ein Wähler, der seine Stimme abgibt, hat noch keinen Krieg entfacht; das ist wohl noch das Handwerk der Politiker … Aber neuerdings macht die politische Herrschaft die Wähler verantwortlich, für ihre schwer erträglichen Entscheidungen.
Und ein großer Teil des Volkes macht bei dieser Selbstgeißelung mit – und glaubt noch mit frommer Eintracht den Rest des gezeichneten Volkes verteufeln zu können … Gelehrte, fern in der Zukunft, werden über diese Eintracht mit der herrschenden Macht zahlreiche Schriften verfassen und sich stets wundern, dass der aufgeklärte Mensch einfacher zu halten war als der ungebildete Wilde in seiner ungezähmten Freiheit.

Die Beweggründe eines Wählers spielen keine Rolle. Wenn ihre genannten Politiker aufgrund ihres Populismus gewählt wurden, sei es drum.

„Hören Sie, ich bin Atheist und Materialist. Ausgezeichnet, mein werter Herr! Ich bin entzückt zu erfahren, dass ich es mit einem Idioten zu tun habe."[14]

---

14 Leon Bloy

Die Meinungsmacher verweisen auf die Textsorte, wenn ein Artikel der journalistischen Sorgfalt entglitten ist – also als plumpe Propaganda entlarvt wurde. Das ist in der öffentlichen Wahrnehmung und Einflussnahme völlig irrelevant. Wenn die Meinung des Autors in der Wahrnehmung der Leser nämlich unerheblich wäre, dann könnte der Autor seinen Kommentar oder seine Kolumne auch auf sein Toilettenpapier schreiben.

Die üblichen Eiferer und der übliche Auswurf, der mit erhobenem Zeigefinger hinausposaunt wird.
Ein verirrter und verblendeter Grundschüler würde dieselben Axiome und Definitionen verwenden – aber einen Grundschüler würde ich nicht tadeln, er weiß es noch nicht besser.

Was der Großteil der Menschen kaum noch wagt, auch nur zu denken: die Ablehnung einer Herrschaft und seiner Büttel. Ob jetzt ein Spinner oder tatsächlich gefährlicher Hochverräter – ob aus reiner Fantasie oder tatsächlichem Notstand entsprungen, sei dahingestellt.

Jeder Zweifel ist nur ein Ausdruck der falschen Meinung ...?

Herrschaft meint nicht nur die Regierung, sondern auch die übergreifenden Institutionen der Gesellschaft – also alles, was Meinung bildet, aber auch unterdrückt.

Also die Bestätigung der Rechtfertigung der Bestätigung.

Einseitige Sichtweise: die gleich zu Anfang festlegt, was denn gefährlich ist.

Das Falsche im Guten.

Wo dann alle Opfer sind, bleiben die Täter im Verborgenen.

Ein politischer Kunstgriff – die Herrschaftsverhältnisse werden durch Kunst und Künstler, Gelehrte und Intellektuelle hofiert. Wer übt noch Kritik an ihnen?

Der Teufel steckt im Detail; und mit ihm auch der Zorn, die Gier – die Abkehr und die Verneinung.

Und am Ende?
Keine Frage, keine Feststellung.

Habt ihr sie gesehen? – Selbst die Schatten blicken zu ihr auf.

Irren heißt suchen ohne Ausgang.

Im Anfang wirkt das Ende – und in der Ferne schimmert der Tod. Was bleibt vom Tage übrig?

Hof- und Hausnarren des Weltgewissens.

Mundwerksburschen.

Hört hin! In der Ferne ist ein dumpfes Grollen zu vernehmen – die Dämonen der Zeit rüsten auf. Der Feldzug wird alsbald beginnen ...

> *„Das Glück gleicht dem Balle: Es steigt zum Falle."*[15]

Nichts einfacher als das: Bleiben sie authentisch und standhaft, dann wird man sie hassen.

Meinungsmacher – egal, in welcher Form sie nun auftreten. Schüren und beschwichtigen, lügen und verdrehen – eine außer Kontrolle geratene Furie, die nicht berichtet – sondern richtet.

---

[15] Sprichwort

Warum hat Sokrates seine Philosophie nicht aufgezeichnet? Um den Sophisten und ihrer Wortverdreherei zu entgehen?

Wer glaubt, dass durch den Wechsel der Herrschaft ein anderer Wind weht, irrt sich. Der Wind weht nur von einer anderen Richtung ...

Wenn sich die Herrschaft, die Meinungsmacher und die kritische Öffentlichkeit auf die Wahrheit eingeschworen haben, sollte der aufmerksame Bürger auf der Hut sein.

Moralischer Legalismus

Auch hinter der Maske der Aufklärung verbirgt sich das Untier.

Bis das Klima uns das Leben zur Hölle macht, haben wir uns schon längst die Hölle selbst geschaffen.

Vernunft ist keine Erfindung unseres Jahrhunderts ...

Sie wollen nicht – sie können nicht. Der moralische Horizont reicht nicht aus ... um zu zweifeln. Und das wissen sie.

Die Angst vor der Schuld – die Furcht vor der Schuld.

Eine dekadente Gesellschaft, die in der abstrakten Furcht Erlösung sucht, die sich lieber im konkreten Leben knechten und beherrschen lässt, als dass sie im Augenblick der freien und selbstbestimmten Entscheidung tatsächlich Angst verspürt.

Täter und Opfer – nicht gut und böse. Denn beides ist im Menschen angelegt.

Übrigens: Das Verspotten von Politikern und Herrschern bleibt den Narren vorbehalten.

Die Moral teilt nicht die Herrschaft, sondern das Volk.

Und wenn es dämmert und eine lange, kalte Nacht droht, weine nicht Europa – atme frei und schlafe, denn der Morgen kommt bestimmt.

Politik ist der Ausgleich von Interessen – und das ist weder vernünftig noch ist es gerecht.

Die Herde muss beisammenbleiben. Sagt der Wolf zu seinen Hirten.

Politik ist Interessenausgleich, wenn der Feind außerhalb der Grenzen droht – Politik ist Krieg, wenn der Feind innerhalb der Grenzen aufbegehrt. Politik ist beides, wenn es die Herrschaft sich leisten kann.

Gut hat sich's die Herrschaft gerichtet, als sie den Menschen zum Maßstab seiner selbst adelte und damit diesem die peinliche Selbstschau ersparte.

Der moderne Mensch gleicht einem Stück totem Fleisch, das je nach Behandlung länger frisch bleibt oder rasch verfault. Denn Lebendiges setzt Geist voraus.

Würdevoll Sterben bedeutet großes Glück, fordert ungeheures Geschick und besonders: Edelmut – dies gilt auch für das Leben, denn bis zu unserem Tode sterben wir.

„Und nichts, damit alles dauert, dauert ewig."[16]

---

[16] François de Malherbe

Wo sich der Philosoph im Detail erschöpft, beginnt das Handwerk des Dichters.

Nicht am Ende des Tages; am Ende der Nacht messen wir sie an ihren Taten. Im Schutz der Dunkelheit wird das wahre Wort zur Qual.

Die Gleichmacher wollen Bescheid wissen, wer der Feind der freien Gesellschaft ist.

Jeder Herrscher ist dankbar für die Kritik an der Herrschaft, wenn diese vom ungelehrten Pöbel aufgeworfen wird – von Trittbrettfahrern und anderen Außenseitern herausgeschrien wird. Denn so kann jede Kritik in sophistischer Umsicht verächtlich gemacht werden.

Es war wahrscheinlich nie leichter, in der Geschichte Menschen zu beherrschen.

Narren hat es schon immer gegeben – aber nur die Hofnarren müssen der Herrschaft gefallen.

Wenn sich die unmündigen Bürger verschworen haben gegen die mündigen Verschwörer.

Viele Menschen meinen, die Intrige bleibt den besonders arglistigen und verdorbenen Charakteren vorbehalten – ein Irrtum. Selbst die kleinste Regung von Macht – oder nur das Ansinnen von Macht – facht das Intrigenspiel an. Im Zeitalter des großen Schauspiels veranstalten die Hofnarren ein Fest für das Volk – nicht für die Herrscher. Sie lachen und spotten gegen das Volk – wer will da nicht herrschen wollen? Für das Volk gilt nur die Moral – und für die Herrschaft dient die Moral ihrer Macht. Die Macht muss also isoliert werden. Sie muss von der Moral getrennt werden – das heißt, die Macht muss sichtbar werden. Jesus erwiderte den Pharisäern, als sie im boshaften Spiel und in ihrer Falschheit um Rat baten – *„Gebt denn dem Kaiser, was des Kaisers ist und Gott, was Gottes ist."*[17] Aber wenn doch Gott tot ist, wo bleibt die Moral? Im Zeitalter des großen Schauspiels und der Inszenierung wird auf der Weltbühne alles für gut und moralisch erklärt, das dem Ansinnen der Macht Unschärfe verleiht – die Macht, sie soll verborgen bleiben. Aber findet sich in der Natur des Menschen kein Antidot, keine spürbare Milderung des Götzenkults, welcher mit blindem Eifer betrieben wird? Bis in die letzten Winkel der Menschen strömt das Gift der Moral – und die Gerechtigkeit schmeckt allmählich nach Tod.

Die menschliche Dummheit gipfelt zuweilen an die Grenzen des Unerträglichen. Das Sichtbarmachen des Widerspruchs – des Gegensatzes – ist der Ernst, der Schmerz, die Geduld und der Wille des Daseins. Das Negative ist nicht weniger lebendig als das Positive – zwei Seiten desselben Willens, die treibende Kraft unseres Daseins. Und nur aus dem Zweifel erwächst Widerspruch.

Die Wahrheit kann nie moralisch sein – die Wahrheit wird von der Macht zugedeckt. Und die Aufgabe der Vernunft ist es zu zweifeln – an der Macht zu rütteln, damit die Wahrheit zum Vorschein kommt. Wer die Wahrheit in der Moral sucht, kennt keine Zweifel. Und wer nicht zweifelt, sucht nicht nach Wahrheit, sondern will Macht stattdessen.

Heute wollen die Schüler den Meister lehren.

Der Geist, der stets verneint. Faust.

Das Schicksal ist kein Zufall – keine Bestimmung oder Vorsehung. Das Schicksal erschöpft sich im Logos, im Rätsel (im Gleichnis?).

---

17 Lukasevangelium 20, 25

Zuerst fallen die Bilder, dann die Köpfe ...

Der Opfergesang unserer Tage. So kommt und stimmt mit ein! Die Altäre sind prächtig und die Messer sind scharf. Aber wenn der letzte Mensch geopfert wurde, gibt es dann keine Täter mehr, die schuldig zu sprechen sind? Wer soll all die Schuld ertragen, wer soll trauern, wer soll vergeben? Die Zeit soll weichen, dann weicht die Schuld. Ursache und Wirkung – die ewige Wiederkehr der Schuld. Unschuldig sollen wir sein wie die Toten, welche tief unter der Erde liegen.

Zuerst sterben die Helden; dann die Kultur.

Die Weltbühne der Schauspieler und Gaukler: Wer dazu nicht klatscht, hat die Pointe nicht verstanden ...

Im gesellschaftlichen Spiel ist die Täuschung die oberste Maxime. Wer dieses Spiel nicht beherrscht, wird das Spiel verlieren – die Enttäuschung ist das Korrektiv, das uns zur Vorsicht mahnt.

Der Fingerzeig der Götter liegt in der Ewigkeit.

Echter Fortschritt: Überwindung von Ursache und Wirkung.

So frage ich euch, die, welche die Menschheit vor dem Untergang bewahren wollen und bereit sind, ihre Freiheit dafür zu opfern: Was bleibt nach dem Tode vom Menschen übrig?

„So freue dich, Jüngling, in deiner Jugend und lass dein Herz guter Dinge sein in deinen jungen Tagen. Tu, was dein Herz gelüstet und deinen Augen gefällt."[18] Endlich haben wir den ungestümen und leichtsinnigen Trieb der Jugend gezähmt – die Laster und falschen Entscheidungen, die uns immer wieder den Weg erschwert

---

18 Prediger 11,9

und zum Neuanfang gezwungen haben. Sie sind nicht mehr. Und die Anstrengungen, die uns die Freiheit aufbürdet, der immerwährende Kampf gegen die Vergreisung und Erstarrung, die ungezügelte Leidenschaft, die uns blind und unbeholfen in die Zukunft taumeln lässt, ja – wir haben sie hinter uns gelassen! Was brauchen wir den jugendlichen Übermut, die überschäumende Lust an der Gefahr, wenn wir sicher angekettet an den Bollwerken unserer Zivilisation hängen? Die Ketten können nicht fest und stark genug sein – wir sind vorsichtig geworden! Aber was, wenn die Ketten zerreißen und die Jugend zurückkehrt? Gar das Hirn der Menschen vernebelt und es nach Freiheit giert? Was, wenn die Natur selbst die menschliche Schöpfung ihrer Ursprünglichkeit mahnt? Was, wenn die Jugend von außerhalb in die erstarrte Zivilisation hineindringt? Ein angeketteter Hund wird laut bellen, wenn die Eindringlinge sich in das Haus schleichen – aber hindern wird er sie nicht. Wir, die Zivilisation des Fortschritts und der aufgeklärten Bürger, die ihren Gott über die Hintertür verraten haben – weil sie den Glauben mit Wissen verwechselt haben, die, welche den Helden hinterrücks erdolcht haben – weil sie das Schicksal verachten – wollen die Jugend lehren, dass die Ketten zu ihrem besten sind?! Wie lange währt eine Kultur, wenn die Ketten der Zivilisation das jugendliche Herz versteinern lassen? Wenn die fahle und blutarme Zivilisation zum Kampfe bläst und die ersten Kämpfer bereitstehen, wenn die Schlacht schon längst verloren ist? Eine Kultur wächst aus sich selbst, sie nimmt die Welt um sich auf, sie beherrscht ihre Umwelt, sie schöpft Kraft aus der Unterschiedlichkeit – nicht zuletzt schöpft sie Vitalität und Lebenskraft aus der Widersprüchlichkeit der sie umliegenden Kulturen. Eine zur Zivilisation erstarrte Kultur kann aus einer ihr fremden Kultur nicht wachsen; sie wird daran zerbrechen. Ihre Errungenschaften und Institutionen sind im Bewusstsein des einzelnen Bürgers *festgeschrieben*. Und die Kraft und die Dauer staatlicher Institutionen erwächst aus dem Glauben. Wo der Glaube an die staatlichen Institutionen versiegt, verwelken und verfaulen auch die Menschen, die an ihrer normativen Kraft gebunden sind. Es sind nicht die Strafen, die die Menschen dazu anhalten, das Rechte und Gute für die Gemeinschaft zu tun – nein, es ist der Glaube an die Institutionen selbst, die einem staatlichen Gebilde Leben einhauchen. Alles, was eine über Jahrhunderte gewachsene Entität zu einem Objekt der Beliebigkeit feiern will, wird keine Kultur einer höheren Ordnung schaffen, sondern einer vitalen Kultur Platz machen. Die Kraft und der Glaube einer Kultur liegt in ihrer Jugend – nicht im gereiften Alter der Zivilisation. Spröde und lax ist die Gesellschaft, die im Sterbebett liegend mit Gleichmut ihren Untergang herbeisehnt, weil Kraft und Glaube ihr im Alter fremd geworden sind. Selbst der Drang nach Freiheit lastet auf dem alten Gerüst und der Entzug der Freiheit wirkt mildernd auf die steifen Glieder. Das Alter hemmt die Instinkte – Glaube und Lebenskraft müssen diszipliniert werden, um Ausgleich zu schaffen; am Ende steht dann die Zivilisation und mit ihr das Gleichgewicht der Interessen, die Gleichheit selbst, die Stagnation und der Durchschnitt – die Feigheit vor der Tat. *„Die Abnahme der feindseligen und mißtrauen-weckenden Instinkte – und das wäre ja unser ‚Fortschritt' – stellt nur eine der Folgen in der allgemeinen Abnahme der Vitalität dar: Es kostet hundertmal mehr Mühe, mehr Vorsicht, ein so bedingtes, so spätes Dasein durchzusetzen."*[19] Die Verneinung der Instinkte äußert sich in der Abnahme der Vitalität – der Lebenskraft. Die Vitalität einer Gesellschaft ist das Substrat, aus welcher sich die Tugenden – in der Ausformung eines staatlichen Gebildes – überhaupt entwickeln können. Das Ende einer Kultur ist daher die Zivilisation – laut ist ihr Werden, aber still ist ihr Vergehen ... und nichts ist von Dauer – übrig bleibt eine vage Erinnerung, Symbole aus dem Zeitenstrom – Rätsel und Gleichnisse aus einer fernen Vergangenheit. Zu klein und unbedeutend ist der moderne Mensch, um über den Zeithorizont zu blicken – zu feig und ängstlich, um den Blick zu wagen.

---

19 Friedrich Nietzsche, Jenseits von Gut und Böse

Alles ist fürchterlich; nur der Mensch übertrifft alles.

So frage ich euch: Wohin wollt ihr gehen oder gar flüchten – wenn der neue Leviathan eurer Freiheit überdrüssig wird? Werden die vereinten Völker Europas das Schicksal ihrer Regentschaft teilen wollen? Seit jeher mahnt uns die Geschichte menschliche Größe, Wohlfahrt und Freiheit nicht in der Größe zu suchen – alleinig im letzten Jahrhundert spiegelt sich der Wahn zur Größe in der Vernichtung des Einzelnen wider. Der Einwurf, die Geschichte zeige, dass die kleinen Völker und Nationen zu Auseinandersetzungen neigen – dass sich der Mensch in einem kriegerischen Dauerzustand wiederfindet – ist in seiner formalen Auslegung richtig. Aber dann frage ich euch: Haben wir im Leviathan der Massen, der gleichgerichteten Gesellschaft und seiner tragischen Vorbestimmtheit auch Gesichter, die wir ablehnen, oder gar zum Teufel jagen können? Wird es noch Narren geben, die aus dem letzten Winkel des Leviathans ihrem Unmut Ausdruck verleihen? – Und an wen soll der Spott gerichtet sein? Zumal es der Zeitgeist amüsant findet, über das Volk zu spotten! Wird es noch Gelehrte geben, die aufbegehren? – Die mit den Abgedrängten und Unzufriedenen ein starkes Band zu bilden fähig sind – die erkennen, dass die Freiheit kein Privileg der Herrschaft und der Moral sind?

Wer gibt den Abgehängten und den Unzufriedenen eine Stimme? Wer, wenn nicht die Gelehrten, müssen dafür Sorge tragen, dass diese Stimme auch gewichtig gegen den sophistischen Hammerschlag der Herrschaft auftritt. In die Winkel und Kanäle der Gesellschaft, in welche das Wort und die Schrift der Herrschaft flutet, gibt es nur wenige Luftlöcher und Räume, in der das Leben in freien Zügen geatmet werden kann. Und diese letzten Winkel der Freiheit müssen ausgebaut und die Kanäle der Herrschaft trockengelegt werden. Erst dann kann sich die Wahrheit und das freie Wort seinen fruchtbaren Weg durch die verwinkelten Kanäle der Gesellschaft bahnen. Schon immer war die Sophistik ein effizientes Stilmittel in den Diensten der Machthaber und der Herrschaft. Der Aufschrei der Ungelehrten, der Abgehängten und Unzufriedenen, der sich zumeist aus

Ohnmacht, Unmut und Verzweiflung Gehör verschaffen will, ist in seiner stilistischen Form und seiner Einfachheit in den wenigsten Fällen einer Sophistik des Hofes gewachsen. Die Moral, Kunst und die Wissenschaft sind in vielen Segmenten der Gesellschaft Büttel der Herrschaft – die im öffentlichen Diskurs ausgetragenen Dispute gleichen einem Schauprozess. Und hierin entfaltet sich die wahre Kunst der Sophisten: Sobald diesen Gelehrten die herrschaftliche Gunst einen Vorteil bietet, werden sie ihr Wissen und ihre Kunst in den Dienst derselben stellen – ob aus Macht, Geld, Gier oder aus reiner Selbstüberhöhung ist in seinem Ergebnis zweitrangig. Das Urteil im Interesse der Macht ist gnadenlos und über die Sprache der Herrschaft wird das Urteil gefällt. Aber was, wenn die Unterdrückten eine andere Sprache sprechen würden?

Fürwahr – es scheint fast so, als läge es den Gelehrten und Experten nicht daran, die Menschen zu starken und freien Geistern wachsen zu sehen. Vielmehr wird auf den Schulen und Universitäten nicht mehr gelehrt, sondern Gesetze werden erlassen.

Im Zeitalter der Gaukler – wenn der Hofnarr den Rebellen mimt ...

*„Die Gelehrten, die Verkehrten
und die Ungelehrten, die Betörten."*[20]

„Sich Magister oder Doctor zu nennen, wird in der Zukunft so viel heissen wie Geld, Arbeit und Zeit vergeudet zu haben, und es wird auch so viel bedeuten wie etwa an Faulheit verdorben, ein grosser Esel oder gar ein Lügner geworden zu sein."[21]

---

20 Sprichwort
21 Ulrich Hugwald, ca. 1520

Was musste Hugwald widerfahren sein? – War denn die Niedertracht im Gelehrtenstand so groß, dass selbst die Lüge als Auszeichnung galt?

Die Apologeten der Herrschaft werden wahrscheinlich auch nicht die Herrschaft hinterfragen, wenn die Büttel auf das Volk schießen. Da haben sie kein mulmiges Gefühl im Bauch. Diese Art Mitläufer durchstreift die Geschichte und dient sich immer der jeweiligen Herrschaft an. Wie heißt es so schön: *„Meister Henker hält man für den besten Doktor, um Leute zu überzeugen."*[22]

> *„Oder meinst Du, dass Du den Gefallenen aus dem Schlamm befreien wirst, indem Du ihn mit Füssen traktierst, bis er ersticke?"*[23]

> *„Auch in der Artznei (Pharmazie) ist der Buchstabe die Ursache aller Irrung, und Niemand will es gemerkt haben, dass der Buchstabe tot ist."*[24]

Die zu geschwätzigen Rhetoriker und die zu spitzfindigen Dialektiker. Denn diese versuchen, mich von dem zu überzeugen, was sie gerade wollen, und jene wollen mir das anhängen, was ihnen gerade passt.

Von der Schuld und wer schuld daran ist.

> *„Merus doctor, asinus merus"*[25]

---

[22] Aus Carlos Gilly, Das Sprichwort ›Die Gelehrten Die Verkehrten‹ Oder der Verrat der Intellektuellen im Zeitalter der Glaubensspaltung
[23] Aus Carlos Gilly
[24] Aus Carlos Gilly
[25] Bloss ein Doktor, also sicher ein Esel

Die Unwissenheit und Einfachheit eines Menschen sind einer verbildeten Gelehrsamkeit eines mittelmäßigen Schauspielers vorzuziehen.

„Und was die Universitäten betrifft, so seien diese lediglich ein Ort, wo man eitle Meinungen, Ketzermacherei, Heuchelei, Schmeichelei, üble Nachrede und Schwindelgeist als Waffen zu gebrauchen lerne, um die aufrichtigen Nachfolger Christi zum Schweigen zu bringen und somit ungehindert über das arme Volk zu herrschen. Die Leute, die dort ausgebildet werden, seien auf jeden Fall weder besser noch in ihrem Wissen sicherer als die anderen. Im Gegenteil: Sie seien bloß unverschämter und geschwätziger."[26]

„Aber wehe den freieren Geistern, die sich Wissen und Literatur woanders als aus der Höhle oder auf dem Markt dieser Gelehrten zu holen versuchen! Da werden diese überzornig und geben erst dann wieder Ruhe, wenn der freche Konkurrent gehörig bestraft worden ist."[27]

Und – ist es heute so viel anders als damals?!!! – Auch wenn nicht mehr die Prinzipien des Glaubens auf den Universitäten verhandelt werden – und die heilige Wissenschaft stattdessen in den Hörsälen doziert wird – so wird den Abweichlern und dem ungelehrten Pöbel doch eindringlich klargemacht, welchen Platz sie in der Gesellschaft einzunehmen haben.

Wenn es der Herrschaft genehm ist, auch den Zu-kurz-Gekommenen den moralischen Imperativ zu überlassen, entstehen die dummdreisten Auslassungen, die die bezahlten Meinungsmacher zum Besten geben.

Wie wenig der Mensch von seiner Freiheit Gebrauch macht – oder seinen Mitmenschen gewähren will, entscheidet sich in seinem

---

26 Aus Carlos Gilly
27 Aus Carlos Gilly

gesellschaftlichen Status: Je stärker die Macht seine Umschau trübt, desto mehr verengt sich sein Gesichtsfeld. Wehe dem, der es wagt, im trüben Licht der Macht für Klarheit zu sorgen.

Über die Jahrhunderte hindurch wurde nach der letztgültigen Wahrheit eifrig gesucht – und immer, um den Menschen höherzustellen – bisweilen an Gottes Stelle treten zu lassen. Und nicht selten überzeugte die Wahrheit, wo am Ende der Henker seine Arbeit verrichtete. Alles Barbaren? – Nun, nicht die Barbaren besudelten die Wahrheit mit Blut, sondern die der Macht Gefälligen im feinen Tuch der Gerechtigkeit. Der Henker von Arras – Joseph Le Bon – sagte vor dem Tribunal der Nationalversammlung (6. Juli 1795): *„Ich habe schreckliche Gesetze ausführen lassen, Gesetze, die sie haben erbleichen lassen. Ich habe Unrecht ... Man kann mich genauso behandeln, wie ich die anderen behandelte. Als ich auf Männer mit Prinzipien getroffen bin, habe ich mich von ihnen leiten lassen. Es sind vor allem die Prinzipien J.-J. Rousseaus, die mich getötet haben."*[28]

Wissen ist erst dann mächtig, wenn der Glaube daran nicht fehlt. Bezahlte Meinungsmacher und herrschende Moral sind die Säulen dieser Glaubwürdigkeit.

Die Sprache der Herrschaft meiden – ein Gebot der Stunde.

Ohne Schuld keine Freiheit – ohne Freiheit keine Schuld.

Als sich mir die Herrschaft offenbarte, war mein Schicksal geboren – es war ein Fingerzeig der Götter, gleich Adam, als er vom Baum der Erkenntnis aß.

Das Menschsein selbst steht auf dem Prüfstand – und keine Moral der Welt soll das Schicksal des Menschen und seine Schuld

---

28 Joseph de Maistre, Von der Souveränität

in der Abstraktion von Klassen, Bürger, Minderheiten, Ideologien, Kapital, Religionen usw. zur Unkenntlichkeit entstellen.

Der Islam ist sich eines großen Vorteils sicher – er kann noch auf die Gnade seines Gottes hoffen. Dieses höchste Gut, die Gnade einer höheren Wesenheit zu erbitten, ist dem christlichen Abendland kein gangbarer Weg mehr – wer die Gnade im Diesseits sucht, braucht keinen Glauben und schon gar keinen Gott. Aber wie eine Moral für eine Zivilisation schaffen, wenn sich die Rechtfertigung ihrer Gebote – und der darauf bauende Staat – aus den Leidenschaften der Menschen selbst schöpft? Welche menschliche Moral kann behaupten, dass ihre Gebote alle Geschöpfe und Schöpfungen unserer Erde umfassen will, ohne dass ihre Vielfalt und Erscheinung durch die beschränkten Kategorien des menschlichen Verstandes – und darüber hinaus, dem strafenden Urteil der Moral – unterliegen? Gerade weil diese Moral ihren Ursprung in den menschlichen Leidenschaften sucht, kann ihr Anspruch nur dann plausibel sein, wenn sie die Natur des Menschen und seine Vielfalt verneint – und ferner auch seine Freiheit und seinen Willen in Abrede stellt. Ein Widerspruch zur göttlichen Schöpfung. Wer die Menschheit in die Gleichartigkeit zwingen will, verneint nicht nur den göttlichen Willen, sondern auch die Vielfalt der Schöpfung – also die Existenz des Menschen überhaupt.

Die Wanderbewegung islamischer Kulturen in das europäische Abendland führt diese innere Zerrissenheit – die gemeinhin als Bürde der westlichen Zivilisation angenommen wird – auf der öffentlichen Bühne der Meinungsmacher in seltener Würdelosigkeit vor: Es ist das Zeitalter der Gaukler und der Falschspieler. Ein grausames Schauspiel, das gegen das Volk spottet und den Menschen zum Tierischen entarten lässt. Nicht das Tierische an sich ist das Verwerfliche, sondern die menschliche Entscheidung, welche dahin strebt. Selbst die Wissenschaft scheint Gefallen am niederen Schauspiel gefunden zu haben: Im Taumel der Macht und ihrer Verheißungen versteigen sich die Gelehrten in Widersprüche und Fantastereien, die selbst das ungelehrte Volk in seinem groben Ausdruck zu lästigen Zweiflern aufwiegelt.

Und was sagen unsere Gelehrten dem einfachen Volk, warum denn der Islam dem Gebot ihrer diesseitigen Moral folgen soll? „Sei es drum", rufen unsere Gelehrten – und ich höre sie schon aus ihren Universitäten und Instituten mit überheblichem Tand verkünden: „Diese Religion und ihre Kultur müsse erst die reinigende Kraft der Aufklärung über sich ergehen lassen, damit sie ihren lästigen Gott abschütteln können." – Um dann im Anschluss ihrer wohlfeilen Forderung mit gebeugtem Haupt das Gegenteil zu verkünden: „Seht her, ihr lieben Menschlein aus dem Morgenland, eure Religion, eure Sitten und Gebräuche sind uns willkommen – denn unsere großartige Kultur und seine Rechtsprechung verspricht es euch." Was ist das für eine großartige Kultur, die einerseits mit erhobenem Zeigefinger einen fremden Gott zurechtweisen will – und sich mit derselben Arroganz einer fremden Kultur unterwirft?

Warum sollte sich der Islam einer Kultur beugen, die keine Gnade über ihren Gott erwarten kann – und die in ihrer tollwütigen Gleichmacherei alle Vielfalt der Erscheinung auf dem Richtplatz ihrer diesseitigen Moral opfert? Wo nicht einmal der Tod eine Erlösung ist und die Schuld des Menschen ewig währt. Was nützt es, die Taten der Menschen mit Gesetzen zu besiegeln, wenn die Gnade eines göttlichen Wesens ausbleibt? Die böse Tat kann zwar durch den moralischen Zeitgeist und seine Gesetzeskraft gerichtet werden, aber die Schuld bleibt auf ewig bestehen. Ist es nicht besser, auf die Erlösung der Götter zu hoffen, als seine Freiheit dem Teufel zu opfern?

Das Abendland und sein Stolz, der sich aus der Überwindung des christlichen Gottes nährt, kann nur dann gegen die Religionen bestehen, wenn der göttliche Gnadenakt einer weltlichen Gerechtigkeit weicht. Viele Gelehrte – und nicht minder der restliche Herrschaftsbüttel – meinen, die Gottestötung wäre in der bloßen Verneinung vollbracht, indem sie einen kindlichen Atheismus vorausschicken, damit der gewaltige Gegner nicht auf das unschuldige Kind einschlägt. Aber dieser gewaltige Gegner ist der Glaube des Islams und das unschuldige Kind ist bald enttarnt. Geradezu nackt steht der europäische Geist vor dem Orient – zwar ohne Scham, aber schuldig. Dazu fällt den europäischen Gelehrten nichts Besseres ein, als den göttlichen Gnadenakt plump zu imitieren und nachzuäffen. Es zeugt von ungeheuerlicher Dummheit und Dreistigkeit, Urteile zu verkünden, welche an keinem Glauben gebunden sind, sondern nur dem weltlichen Zweck genügen. Das gerechte Urteil aber folgt keinem Zweck, sondern alleinig der Gerechtigkeit.

Jede Handlung und jede Tat hat ihre Ursache und ihre Wirkung. Schuld liegt in der Ursache als auch in der Wirkung. Gleich einem Naturgesetz überdauert die Schuld das Leben der Menschen – von Vater zu Sohn, von Mutter zu Tochter, von Generation zu Generation, von Epoche zu Epoche usw. Nur ein Fingerzeig der Götter kann die ewige Wiederkehr der Schuld brechen. Der europäische Geist meint den göttlichen Fingerzeig imitieren zu können, indem er seine Moral in die Kategorien des Verstandes presst. Aber was, wenn die Götter der Geschicke der Menschen überdrüssig geworden sind? Was, wenn sie nun endlich gestorben sind – was, wenn die kühne Gottestötung tatsächlich vollbracht ist? Und kein Imitat Gnade und Vergebung vortäuschen kann?

Der europäische Geist will dem Islam – und nicht nur dem Islam – gnädig sein; ein plumpes Imitat. Es ist eine Gnade, aus welcher nicht der Glaube spricht, sondern das Opfer. Und mit diesem Opfer verbunden das schlechte Gewissen, den eigenen Gott verraten zu haben. Nicht die Abkehr vom Glauben und von seinem Gott zeugt von Frevelei – das lässt Gott den Menschen offen: es ist die Beibehaltung des moralischen Anspruchs im Diesseits, ohne am moralischen Urteil zu zweifeln. Der Mensch kann ohne Glauben nur im Zweifel gerecht sein; und das wissen nicht nur die Gelehrten des Islams, sondern auch die einfachen Menschen auf der Straße.

Auf die Frage, wie sich mir die Herrschaft zeigte, kann ich folgende Auskunft geben: Dass hinter der anschauenden Herrschaft – welche gelenkt durch Macht die Geschicke der Gesellschaft vor sich hertreibt – eine Kraft wirkt, die sich dem Gesichtsfeld entzieht. Dies war mir stets vertraut. Fremd und unbestimmt war diese Kraft aus der Ferne – bei näherer Betrachtung zeigten sich erste Umrisse. Ich wagte es, im Schatten der Herrschaft ein Licht zu entfachen. Und was ich sah, ließ mich erschauern: Vor mir stand ein Untier. Wenn die Völker und Nationen dieser Welt wüssten, dass sie von einem Ungeheuer regiert werden – hätten sie keinerlei Grund, diese Herrschaft zu stützen. Nein, sie würden es nicht wollen, dass ihre Würde in den Händen eines Ungeheuers Götzendienst leistet. Nun, dachte ich mir, das Untier will erkannt sein – aber wer will es erschlagen?

Der Mensch ist nichts weniger als ein Wunder, so Mirandola in seiner Schrift „De hominis dignitate" – „Über die Würde des Menschen". Ein Wunder deshalb, weil seine Gestalt eine Unbestimmte ist – und sein Platz die Mitte der Schöpfung einnimmt, d.h., die göttliche Schöpfung sah es vor, dass der Mensch im Bewusstsein seiner Freiheit sich entwickeln soll und kann. Und diese Möglichkeit des Menschen beschreibt Mirandola in folgenden Worten: *„Weder haben wir dich himmlisch noch irdisch weder sterblich noch unsterblich geschaffen, damit du wie dein eigener, in Ehre frei entscheidender, schöpferischer Bildhauer dich selbst zu der Gestalt ausformst, die du bevorzugst. Du kannst zum Niedrigeren, zum Tierischen entarten; du kannst aber auch zum Höheren, zum Göttlichen wiedergeboren werden, wenn deine Seele es beschließt."*[29] Diese Freiheit entwickelt sich aus der Vielfalt der Erscheinung – gerade in der Unterschiedlichkeit – die in der Natur dem Willen des Schöpfers entsprechen soll – strebt der Mensch nach Einzigartigkeit. Die Natur selbst setzt nur den Rahmen – gleich einem Gefäß, dass dem Menschen auf seinem Weg zur Vervollkommnung als Körperlichkeit dient. Es zeugt von einem groben Missverstehen des göttlichen Willens – und in der ernsten Wissenschaft ist es geradezu eine Verneinung der Natur – wenn die Würde des Menschen in der Gleichartigkeit behauptet wird. Warum nicht über die Unterschiedlichkeit des

---

29 Giovanni Pico della Mirandola

Menschen staunen und diese Vielfalt über die Natur begreifen lernen? Wer aus niederem Antrieb heraus die Menschheit zu Höherem zwingen will, wird auch die Würde und Einzigartigkeit der menschlichen Natur leugnen. Das Geschäft der Wissenschaft ist nicht die Züchtung des Menschen zum Niederen hin, sondern die Vervollkommnung der göttlichen Natur des Menschen. Welches Interesse müsste also die Wissenschaft antreiben, um den Menschen zum Tierischen und Vernunftlosen hin zu bilden? Welche verdorbene Menschengestalt käme auf die grausame Idee, das stetige Wachsen der Menschen zu verhindern? Schon in den älteren Schriften der Chaldäer war die Seele des Menschen – bevor diese in seinen Körper stürzt – mit Flügeln gesegnet. Der Körper sei nur die vorübergehende Hülle; und wenn die Flügel in ihrer Pracht vollendet sind, verlässt die Seele wieder den Körper. Aber was kann der Mensch tun, damit seine Flügel wieder wachsen? Die Antwort lesen wir in den überlieferten Worten des Zarathustra: *„Besprengt eure Flügel mit den Wassern des Lebens."*[30] Aber wo finden wir das Wasser des Lebens? Hierauf antwortet Zarathustra mit einem Gleichnis: *„Von vier Strömen wird das Paradies Gottes durchspült und bewässert; aus ebendiesen sollt ihr die für euch heilsamen Wasser schöpfen. Der aus dem Norden kommende heißt Pischon, was ‚das Rechte' bezeichnet, der aus dem Westen heißt Dichon, was die ‚reinigende Sühne' bezeichnet, der aus dem Osten Chiddekel, was ‚Licht' bedeutet, der aus dem Süden Perath, was wir als ‚Frömmigkeit' verstehen."*[31] Für Mirandola kann die Würde des Menschen im übertragenen Sinn nur in diesem Zusammenspiel der Kräfte verstanden werden – und es setzt große Opfer voraus, damit die Seele auch ihren Flug antreten kann. Wie kann es dann sein, dass unsere Gelehrten die Würde des Menschen vornehmlich nur aus dem Niederen begreifen wollen? Und die Würde auch denen zugestehen wollen,

---

30 Giovanni Pico della Mirandola
31 Giovanni Pico della Mirandola

die in ihren Körpern verkümmern und zum Dämonischen hin verfaulen – die ihre Flügel abhacken wollen?

Oft genug sind mir klare Gedanken entflohen, weil kein Papier und Stift zur Hand war – aber, so heißt es, sind nur die Gedanken von großem Wert, wenn sie auch im Nachdenken niedergeschrieben worden sind. In Zeiten großer Umbrüche und steigenden Unmuts suchen wir nach Fixpunkten in unserer Umwelt, in unserem Umfeld, nicht zuletzt in unserem Geiste selbst. Wenn die Fixpunkte außerhalb von uns zu verblassen scheinen, und die gewohnte Sicherheit zu verschwinden droht, bleibt am Ende nur noch das Selbst übrig. Und die Furcht vor dem Abgrund, welcher sich im bloßen Dasein auftut, lässt uns einsam in einer dunklen Leere zurück. Denn der Abgrund spiegelt auch unsere Hoffnungen und Ängste, aber auch unsere dunkelsten Gefühle wider – eben das Konvolut unserer Existenz. Und es will erkannt werden. *„Wir sehen jetzt durch einen Spiegel in einem dunkeln Wort; dann aber von Angesicht zu Angesicht. Jetzt erkenne ich's stückweise; dann aber werde ich erkennen, gleichwie ich erkannt bin."*[32] Wer kann schon von sich aus behaupten, dass die Beschäftigung mit einem selbst auch Trost und Stärke spenden kann? Freilich, es ist unserer Epoche eigen, dass die Form dem Inhalt vorangeht – wie vom Wahnsinn getrieben, hetzen wir jeder noch so kleinen Geste hinterher und wenn wir sie dann eingeholt haben, können wir sie nicht mehr deuten. Ein großer Verlust scheint dem modernen Menschen anteilig zu sein. Er tastet sich im Zeitenstrom voran – ungelenk und ängstlich. Schritte, die getragen sind von falscher Vorsicht und Feigheit, haben kein Schicksal. Sie sind nur Imitate – eine ewige Wiederkehr der Schuld. Diese Furcht vor der Schuld – vor dem Widerhall des Abgrunds – zeichnet in der Verneinung seine Umrisse. Und dieser zutiefst menschliche Zug ist der Menschheitsgeschichte nicht unbekannt. Wir finden diesen Zug in jeder Epoche und in jeder Zeit unserer

---

32 1. Korinther 13:12, Lutherbibel Ausgabe 1912

Menschheitsgeschichte – gerade in den prägnanten Zeitabläufen wird der Widerstand des Einzelnen gegen die Verneinung existent und in seiner Handlung sichtbar. Größe und Elend des Menschen ebnen den Weg des Schicksals. Und nur der Zweifel überwindet die Verneinung. Kann der moderne Mensch von sich aus behaupten, dass seine Verneinung über jeden Zweifel erhaben ist? In keiner Epoche zuvor war es dem Menschen so leicht gemacht, der Verneinung gegenüber dem Zweifel Vorrang zu geben. Wer sich über den Inhalt hinwegsetzt, braucht keine Zweifel. Ein „Nein" reicht völlig aus. Es braucht in diesem Zusammenhang auch keine intellektuelle Kühnheit, einen Gott zu leugnen, wenn überdies kein Zweifel besteht. Die Einengung des Menschseins überhaupt, die mit einer schleichenden Verrohung des Geistes einhergeht, gipfelt in der Etablierung des Mittelmaßes. Die Hierarchien bleiben bestehen, existieren aber nur in ihrer Form und Funktion weiter – in einer endlosen Schleife tauscht sich der Mensch der Mittelmäßigkeit mit einem scheinbar anderen aus. Durchschnittlich und berechenbar – mächtig genug, um zu verneinen, aber zu schwach, um zu zweifeln. Es ist wahrlich ein Hohn, hier noch von Freiheit zu sprechen. Und die Büttel der Herrschaft lauern hinter jeder Ecke – stets bereit, ein Urteil zu fällen. Egal, in welche Richtung wir uns auch drehen – letztlich blicken wir in unser Spiegelbild. Und was wir darin erkennen, erkennen wir auch von der Welt. Es scheint, als wären alle Spiegel der Welt in tausend Scherben zersprungen.

In jedem Augenblick und jeder Lebenslage starrt uns der Tod mit ernster Miene ungeduldig an; aber im letzten Moment unseres Lebens senkt der grimmige Tod seinen Blick und die Last der Endlichkeit weicht dem ewigen Frieden. Wozu das alles?

Eine große Stadt bedeutet große Einsamkeit.[33] Die Leichtigkeit des äußerlichen Eindrucks einer lebendigen Stadt kann die Schwere

---

33 Erasmus von Rotterdam

im Herzen des Einzelnen nicht täuschen. „Was bist du einsam bei all dem Tanz und Taumel, wenn die Nächte dem Tage gleichen – spürst du nicht den Atem der Stadt?" In der Zerstreuung füllt sich dein Herz und deine Seele mit Frohsinn – und das Trübsal scheint wie weggeblasen. Wird die Leere im Herzen nicht umso größer, je mehr sich der Mensch von sich selbst entfernt? Einsam ist doch der, der sich fremd ist. Kann es denn sein, dass wir im lauten Trubel der Metropolen vom Schwall des Getöses erdrückt werden? Was treibt die Menschen also in die Stadt? Ist es der große Geist oder sind es die neuen Ideen, die in den Metropolen schlummern? Oder vielleicht doch nur die Hoffnung auf ein wirtschaftliches Auskommen? Das Leben in die Hände anderer legen – dem eigenen Schicksal entfliehen wollen? Auch das scheint die Menschen anzutreiben. Oder der Herrschaft gefallen wollen oder doch vor der Herrschaft fliehen? In der Masse der Menschen aufgehen oder in ihr untergehen – beides ist nur einen Augenblick voneinander entfernt; ein Fingerzeig der Götter. Ich träumte oft davon, im nächtlichen Sternenhimmel über Wälder und Wiesen zu fliegen – nie aber wollte ich über Städte und Metropolen kreisen. Nein, ich wollte auf einer Lichtung im Walde, die hell im Mondlicht strahlte, landen, und in der Stille zergehen. Und kein Ansinnen von Einsamkeit, sondern ein berauschender Augenblick des Friedens, den es nach Ewigkeit dürstet. Das kurze Anhalten des Zeitenstroms, in der die Ewigkeit geahnt und geschmeckt wird, lässt alle irdischen Marter zurück – der Mensch ist in diesem Augenblick mit sich vertraut. Die Einsamkeit weicht aus seinem Herzen und die Leere füllt sich mit Leben.

So kann auch die größte Stadt den Menschen die Einsamkeit nicht nehmen; überhaupt, wenn im grellen Licht der Stadt die Gesichter der Leute untereinander kaum zu unterscheiden sind. Wozu das zeitgeistige Gehabe und der Austausch von Eitelkeiten, wenn in der Manege der Metropolen das Schauspiel seinen eigenen Gesetzen folgt? Ja, die große Einsamkeit rührt aus dem Schauspiel, das zwar bunt und mit viel Prunk die Vielfalt unter den Menschen preist, sich aber letzten Endes an der Wirklichkeit der Menschen labt.

An jedem Tag und jeder Stunde kann uns das Schicksal aus dem Leben reißen; das wissen wir schon aus bloßer Erfahrung. Ob der reiche Kaufmann oder der arme Bettler – das Schicksal trifft seine Wahl nicht nach gesellschaftlichem Stand und Tand. Es schlägt ohne Erbarmen zu. Selbst vor dem unschuldigen Kinde kennt das Schicksal keinen Halt. Das augenblickliche Glück lässt den Menschen zwar hoffen – doch nur das Leiden ist ihm sicher. Es ist geradezu töricht, das Glück in einer gottfernen Gesellschaft als letzten Zweck zu huldigen, wenn der Weg dorthin im irdischen Leiden begründet ist. Wer in unserer Welt – die Welt des totgesagten Gottes – seine Glückseligkeit erlangen will, muss im Leiden geübt sein. Ihr wollt ein Leben voller Glück; doch die dunklen Flecken in euren Herzen lassen das Glück langsam versiegen. Und die Flecken werden größer und füllen sich mit verdorbener Leere. Zwar sehen unsere Augen Reichtum, Wohlstand und Schönheit – das Herz aber ist blind. Und wer das Schicksal nur mit den Augen sehen will, ist auch für das Glück gleichsam blind. Das führt uns zu der Frage, ob der Mensch überhaupt jemals glücklich werden kann. Wenn die Gelehrten nun meinen, die Menschen streben ohnehin nur zum Guten, dann hätten wir tatsächlich eine Gesellschaft der absoluten Glückseligkeit. Aber die Verhältnisse unter den Menschen zeugen vom Gegenteil: Was dem einen als Gut und Recht dünkt, fällt dem anderen zur Last. Umgekehrt sagen auch Gelehrte: Die Menschen sind letztlich getrieben von ihren Leidenschaften und schon ihre Gedanken wollen befriedigt sein. In beiden Fällen streben die Menschen nach Glück; in beiden Fällen ist es Schmerz und Leid, das sie verursachen und wirken. Es erstaunt in diesen Fall nicht, dass Gelehrte und umsichtige Leute in vielen Kulturen und Religionen unseres Erdballs das Glück in der Abgeschiedenheit zu finden glauben – oder in der Askese das Leiden lindern wollen. Das Leiden des Daseins will gelernt sein – denn die Wunden verheilen nicht, wenn der Schmerz verschwiegen wird. So lasst uns in den Abgrund blicken! Was ruft ihr zurück?! – Ihr wollt euch nicht ertragen?! So sehr schmerzt euch der Anblick? Und wenn das Glück euch schmäht, seid ihr dann für das Leid bereit? Ihr wollt das Leid anderer lindern, wagt es aber nicht, in euch selbst zu schauen? Und das Leid der anderen soll dann euer Glück sein ...

Es gibt keinen Grund, sich eines staatlichen Gebildes zu rühmen, das nur dauerhaft bestehen kann, wenn die Existenz der Bürger und Menschen in diesem Gebilde auf Unterschiedslosigkeit begründet ist.

Mag die Sonne zwar ihre Schatten werfen und die Zeit uns der Endlichkeit mahnen – du aber strahlst ewig in meinem Herzen.

Um die Anzahl deiner Feinde zu erhöhen, genügt es, keine Maske zu tragen.

Zum Glück ist ein geistreicher Kopf eine seltene Erscheinung; sonst wäre keine Herrschaft der Welt von Dauer.

Anstatt die Narren zu spielen, werden sie selbst zu Narren der Herrschaft. Ein fürchterliches Schauspiel, wenn Günstlinge der Herrschaft versuchen, einen Humanismus zu leben, welchen sie tatsächlich nur spielen können.

Es sind die Gelehrten und Intellektuellen, die Kriege schüren – und die Kriege lostreten. Es sind aber auch die Gelehrten und Intellektuellen, die mit derselben Inbrunst und demselben fanatischen Eifer, mit welchem sie den Krieg beschworen haben, den Krieg in sicherer Distanz moralisch verurteilen.

Was treibt die Menschen an? – Und ist die Welt, wie sie uns heute erscheint, gerechter als die Welt vor Jahrzehnten, Jahrhunderten oder gar Jahrtausenden? Wird die Leidenschaft der Menschen durch Gerechtigkeit gezähmt oder durch diese entfacht? Oder genauer gesagt: Ist eine gerechte Gesellschaft ohne Gnade möglich? Und wer kann die Gnade sprechen? Das Rechtssystem fördert und wahrt den politischen Interessensausgleich einer Gesellschaft und ist ein zivilisatorischer Akt – kein Akt der Gerechtigkeit. Wir, die Menschen der aufgeklärten Moderne, meinen, dass durch die Abwesenheit eines göttlichen Wesens die Gerechtigkeit den Platz des göttlichen Urteils eingenommen hat. Ein fürchterlicher Irrtum, der bisweilen viel Leid und Elend verursacht hat. Obwohl wir die Tiefe der menschlichen Existenz ohne Schöpfer zu ergründen und verwalten glauben, werden wir nicht müde, uns einem Imitat zu bedienen, das zwar weltliche Gerechtigkeit sprechen will, aber göttliche Gnade meint. Ist die Schuld vergeben, wenn die Gerechtigkeit spricht? Oder andersrum: Wenn die Gerechtigkeit herrscht, kann der Mensch dann überhaupt schuldig sein? Und wozu Gnade, wenn keine Tat zu vergeben ist? Die Politik schafft nur den rechtlichen Rahmen einer gerechten Sache – die Gerechtigkeit selbst ist der Politik kein Geschäft. Aber was soll der moderne Mensch ohne den göttlichen Beistand tun? Er sucht die Gerechtigkeit über die Politik zu legitimieren. So müssen sich die Gelehrten auch bewusst sein, dass selbst die Handlung und die Tat einer gerechten Sache auf Irrationalität und Ungerechtigkeit begründet sein kann. Wenn nun eine staatliche Minorität politische Macht und Einfluss von der staatlichen Majorität einfordert (und umgekehrt), so muss geprüft werden, welches Interesse sich hinter dieser Forderung verbirgt. Ist es tatsächlich Gerechtigkeit oder nur eine Geste der gerechten Sache, die der Forderung Kraft und Glauben verleiht? Oder sind es nur Interessen, die der jeweiligen Herrschaft günstig erscheinen?

Die Gerechtigkeit als oberstes Prinzip in der Politik kann nie im Interesse einer Herrschaft sein, obgleich Partikularinteressen sich der gerechten Sache andienen. Die gerechte Sache ist immer von Leidenschaften erfüllt, die zwar für sich Wahrheit und Gerechtigkeit einfordert, sich aber erst im Dienst aller Menschen und Interessen beweisen muss. Nicht selten wird die gerechte Sache über die politischen Interessen hinaus gedeutet – ein gefährliches Spiel, das einem Staatskörper erheblichen Schaden zufügt. Das Resultat sind zumeist gesellschaftliche Zerwürfnisse und Misstrauen gegenüber den vertrauten Institutionen; oder schlimmer noch, gegen die Menschen selbst.

Gerechtes Handeln selbst ist keine Kategorie der Politik – höchstens eine Tugend, die unter den Menschen im verschiedenen Maße verteilt ist. Letzten Endes versinkt eine Gesellschaft in Chaos und Elend, wenn statt der Interessen und ihr Ausgleich die gerechte Sache selbst herrschen will. Auch wenn die gerechte Sache glänzt und in goldener Rüstung durch die Straßen marschiert – wir dürfen uns nicht blenden lassen. Besser, wir senken den Blick und warten auf die Schatten.

Mut beweist sich auf einsamen Pfaden, in dem kein Lohn und kein Ruhm zu erwarten ist – ein Akt der Freiheit, der weder in der Gunst der Herrschaft steht noch sich über andere erheben will.

Die Verrohung des Menschen äußerst sich nicht im tierischen Geschöpf der Natur, sondern im pervertierten Ausdruck des Untiers.

Unsere Gelehrten und Schöngeister haben Gott aus der Welt gejagt, erklären sich aber seliger als die geistig Armen.

Der heutige Humanismus in der Politik gründet sich auf Gleichmacherei – nicht auf der Würde des Menschen. Wer alles gleichmacht, will dem Menschen nicht die Freiheit schenken, sondern seinen freien Willen brechen.

Vor der Wucht, die uns trifft, wenn die Natur aus dem Zeitenstrom emporschnellt, gibt es keine Warnung und keine technische Apparatur, die uns vor dieser gewaltigen Geste schützt. Alle menschlichen Schicksale sind mit einmal vereint – das Schicksal des Einzelnen bedeutungslos. So schlummert die Natur arglos vor sich hin – das Ein- und Ausatmen vollzieht sich in Zeitsprüngen, die der menschliche Verstand sich kaum vorzustellen vermag; sind es Jahrtausende, Millionen, oder gar Lichtjahre – bis die Natur für einen Augenblick erwacht und uns ein kurzer

Blick in die Ewigkeit gewährt wird? Glück dieser Welt, wenn des Menschen Schicksal noch nicht besiegelt ist – denn der Fingerzeig der Götter ist endgültig. Es liegt in der menschlichen Natur, dem drohenden Urteil der Natur mit menschlichem Geschick entgegenzutreten; aber auch alles in seiner Macht stehende zu tun, um der Natur einen ruhigen Schlaf zu schenken. Aber was will der moderne Mensch retten? Oder besser gesagt, wen will er retten? Die Natur – oder die Menschheit? Sein Gewissen? Jahrtausende hindurch blickte der Mensch ehrfürchtig auf die Natur und ihre Schöpfung – konnte sein Schicksal kaum ertragen. Eine schwere Last – das Versprechen auf Gerechtigkeit ein wahrer Hohn – unzählige Stunden in dunkler Umnachtung. Viel Blut – wenig Ertrag. Trauer und Zorn über Generationen hinweg. Doch in weiter Ferne ein schwaches Licht – ein letzter Funke Hoffnung. Im Glück liegt sehr viel Mut; und mit diesem ungeheuren Mut hat der ältere Mensch sich seinem Schicksal gestellt und seinem Dasein Würde geschenkt. Nicht so der moderne Mensch – der Mensch des Fortschritts, der „Bändiger" der Natur. Er glaubt sich über die Natur stellen zu müssen, zumindest mit ihr Schritt zu halten. Wenn die Vernunft der Aufklärung sich gegen die Natur richtet – und die exakten Wissenschaften über die Natur herrschen wollen, dann muss ein hoher Preis gezollt werden. Und dieser Preis ist nichts weniger als der Verzicht des menschlichen Schicksals; der einzelne Mensch ohne Schicksal – das ist ein Dahinsiechen auf Lebenszeit. Was nützt dem Menschen seine Freiheit, wenn sein Schicksal dem Fortschritt geopfert wird? Es scheint fast so, dass die Gelehrten unserer Zeit es für ihre Pflicht begreifen, das Schicksal der Menschen zu opfern, um die Natur gnädig zu stimmen; so, als würde die Natur durch die Opfergabe das Atmen sein lassen! Ist der Mensch schuldig, dass sich die Natur aus dem Zeitenstrom erhebt? Ist der Berg, der in die Täler hinabstürzt und die Menschen darunter begräbt, schuldig am Leid der ahnungslosen Kreaturen? Oder ist die Sonne, wenn sie in ferner Zukunft erlischt, schuldig am Ende des menschlichen Daseins? Die Ewigkeit ist kein Maßstab für die Schuld – alles Lebendige, und selbst der stumme Stein, wenn sie im Zeitenstrom erscheinen – und vergehen – sind schuldig. Die bloße zeitliche Abfolge und Existenz bedingt die Schuld – die Natur hingegen ist ewig, sie kennt keine Schuld – und endlich, sie kennt keine Vergebung, keine Gnade! Alles, was im Zeitenstrom entsteht und vergeht, ist in seiner Ursache und Wirkung mit Schuld behaftet, aber nur der Mensch kann sein Schicksal wagen und auf Vergebung hoffen. Der moderne Mensch meint hingegen, er müsse nur lange genug forschen und die Ketten der Zivilisation enger schnallen, um seinem Schicksal zu entgehen – selbst die Freiheit würde er opfern, wenn nur die Furcht vor dem Schicksal gemildert wird. Der Mensch wird aus seiner Zeit gerissen, wenn er sein Schicksal nicht aus dem Zeitenstrom selbst reißt. Ein göttliches Geschenk – der kurze Blick in die Ewigkeit. Denn das Schicksal ist ein Fingerzeig der Götter und liegt in der Ewigkeit – sich aus dem Zeitstrom zu erheben, bedeutet, sich seinem Schicksal zu stellen, sich der Freiheit würdig erweisen. Alles, was sich dem Menschen als würdig erweist, gründet sich aus der Freiheit. So sind die Tugenden, die einem Menschen Würde verleihen, ein Akt der Freiheit – im übertragenden Sinn der alten Kulturen – ein Akt des göttlichen Willens. Jeder Mensch hat sein Schicksal – mit der Geburt steht er seinem Schicksal gegenüber. Nun werden die kritischen Stimmen einwenden, was, wenn der Mensch unverschuldet aus dem Leben gerissen wird – wenn er sein Schicksal noch gar nicht kannte? Ein Neugeborenes, ein Kind, ein Mensch mit eingeschränkten Sinnen und Verstand? Oder wenn die Natur selbst ihren Willen den Menschen überordnet und das Schicksal ohne Zutun des Menschen eingelöst hat? Da die Natur der Lebenszeit des Menschen keine Beachtung schenkt und ihr Wille auch keinem menschlichen Maßstab untergeordnet ist, wird ihre Wirkung immer allmächtig erscheinen; das heißt endgültig sein. Kann der Mensch dem Urteil der Natur entgegenwirken? Kann er den Willen der Natur mildern – kann der Mensch Zeit gewinnen? Kann der Mensch letzten Endes sein Schicksal in den Dienst der Natur stellen? Es erscheint geradezu töricht und anmaßend, das menschliche

Schicksal dem der Natur gleichzusetzen – und dass nur, um im Zeitenstrom zu überleben? Freilich, wenn die Furcht vor dem eigenen Schicksal überwiegt, kann das drohende Urteil der Natur heilend wirken. Was wird nicht alles darangesetzt, die Apokalypse mit reichen Bildern zu schmücken; dass der Mensch ja nicht vergisst, dass er sich fürchten muss! Wir, die modernen Menschen und Verächter des Schicksals, besitzen keinen Mut und darüber hinaus auch keine Freiheit mehr, um das Urteil der Natur zu ertragen – wie alles andere auf dieser Erde reiht sich der Mensch dann dem niederen Leben ein; die Instinkte auf das bloße Überleben reduziert. „Aber der menschliche Fortschritt zeugt vom Gegenteil!" – Werden die Gelehrten aus ihren Universitäten schreien: „Wir wollen den Menschen vor seinem Untergang retten, indem wir das Schicksal aller Menschen vereinen (und verneinen)!" – So der Einwand der Gelehrten. So muss ich erwidern: Wenn der Fortschritt nur dem Zweck erliegen soll, dem Menschen sein Schicksal zu verwehren und seine Würde an die Ketten der Zivilisation zu legen – dann wäre der Fortschritt keine Befreiung, sondern eine Versklavung. Eine Entfremdung – eine Entmenschlichung. Wenn das Fortschritt bedeutet, dann haben wir in der Tat einen neuen Menschen geschaffen: ein willenloses Tier – von niederen Instinkten getrieben – das meinetwegen *Mensch* heißt.

Die feinen Büttel wollen ihre Verantwortung – ihre Schuld – den einfachen Menschen andichten, um sie dann zu verurteilen.

Kritik heißt, seiner Zeit fremd zu sein. Ein Wandler zwischen den Zeiten und ein Reiter auf dem Zeitenstrom. An jedem Ort – zu jeder Zeit.

Es erstaunt nicht schlecht, dass die alten Kulturen die Freiheit im göttlichen Willen zu finden glaubten. Selbst ein tugendhaftes Leben konnte nur in einem gottgefälligen Leben vollendet sein. Das Misstrauen gegenüber dem menschlichen Urteil musste demnach sehr groß gewesen sein, wenn das höchste Gut – und das ist wohl die Freiheit – außerhalb menschlicher Geschicke gesucht wurde. Ob die Alten damit richtig lagen, kann der moderne Mensch kaum beantworten. So gibt es viele, wenn nicht gar die gesamte westliche Welt, die sich einen Glauben zurechtgestutzt haben, der in jeder Hinsicht dem Anspruch ihrer Ansicht der Welt genügt. Am Ende werden sie stets belohnt: Sie haben keinen Verrat an der heiligen Wissenschaft begangen; denn der Zweifel ist ja wohl ein Geschäft des Glaubens, nicht der exakten Wissenschaft! Nun, um zweifeln zu können, gehört aber auch die Freiheit, sich über das sichere Wissen hinaus zu wagen.

Es leuchtet in der Tat ein, die Freiheit nicht dem Urteil der Menschen zu überlassen – im besten Falle kann die Freiheit geschickt verwaltet werden. Und diese Verwaltung kann nur aus staatlichen Institutionen wachsen, die in ihrer Dauer, also über Jahrhunderte hinaus, mehr als einem menschlichen Urteil dienen. Um die Freiheit über Generationen von Menschenleben verwalten zu können, muss an sie geglaubt werden – nur dann kann auch an der Freiheit gezweifelt werden, wenn sie als Vehikel der Herrschaft ihren Dienst verrichten muss. Es wäre ein Unglück für die kommenden Generationen, wenn die Freiheit dort endet, wo die Wissenschaft keine Zweifel mehr kennt.

Ob es einen gerechten Krieg gibt? – Ist das nicht jeder Krieg, da doch jede Kriegspartei für eine gerechte Sache kämpft? Warum soll es sich im Krieg anders verhalten als in der Politik – ist es auch dort allen Parteien das heiligste Anliegen, für die gerechte Sache einzutreten. Aber was lässt uns auf Frieden hoffen, wenn doch die gerechte Sache den Krieg führt?

Freiheit. Immer wieder Freiheit. Als endlich alle rechtsstaatlichen Hindernisse mit giftiger Spitzfindigkeit und feiger Privilegien überwunden und selbst der Gelehrtenstand sich dem Diktat der Herrschaft untertänig beugte, wurden befremdliche und seltsame Geräusche aus mitten der Gesellschaft laut: Es war die Sprache der Freiheit. Unverständlich und furchterregend für das Ohr der Mächtigen – klar und deutlich für die Laien und einfachen Menschen unserer Tage. Die Sprache mag verstummen, doch die Melodie der Freiheit erklingt ewig.

Der große Vorteil der Religionen: Der Gelehrte, als auch der einfache Laie kann im Glauben Gnade und Erlösung erfahren – denn wer verstünde das Wort Gottes besser als die geistig Armen? Es hält sich kein Herrscher auf Dauer, wenn seine Berater und Büttel nur dem Gelehrtenstande angehören.

> Längst vergangen sind die Tage, wo die Torheit mit Lob gesprochen, und der Frohsinn die Hände reicht.
> Ach, klagen will mein Herz, die Gedanken versteigen sich im Zorn, denn der Frühling lässt warten.

Die Gedanken an meinen Vater und dessen Tod lassen mich oft erschrecken – leer ist das Herz und der Verstand rast unruhig in alle Richtungen. Aber der Blick auf den Tod mahnt mich in der Schrecksekunde das Schicksal zu greifen – klar und bestimmt liegt die Zukunft dann vor mir – und Ruhe kehrt wieder ein: die Sinne geschärft und das Herz voller Freude. Der Tod mahnt die Lebenden – das Leben gedenkt der Toten.

Würde man die Theorie von der linearen Entwicklung, die im Zeitenstrom Anfang und Ende markiert, konsequent fortsetzen, dann endet der Mensch als Spezies in der Gattung der Insekten: effizient, kollektiv und ohne Gesicht.

Die kühnste wissenschaftliche These ist der Zweifel am sicheren Wissen.

Die sichersten Theorien der Wissenschaften enden stets mit einer großen Unbekannten.

Es wird nicht lange dauern und die Gelehrtenbüttel werden mit Schaum vor dem Mund das geschriebene Wort verschmähen und mit reichlich Spott überschütten; endlich aber, die Sprache selbst dem Teufel andichten.

Es stimmt nachdenklich, wenn vor dem geistigen Auge der Zeitenstrom dem Augenblick weicht, und wir feststellen müssen, dass in all den tausend Jahren Menschheitsgeschichte keine merkliche Veränderung eingetreten ist.

Unsere Atheisten und aufgeklärten Gelehrten meinen keinen Beweis für die Existenz Gottes zu finden – meine Damen und Herren, das müssen sie auch nicht! Vielleicht weiß dieser Gott auch nichts von der Existenz unserer Atheisten und aufgeklärten Gelehrten. Es ist müßig, sich über einen Begriff zu streiten, der sich nur im Glauben mit Inhalt füllt – die wissenschaftliche Beweisfähigkeit daher unmöglich ist. Der Glaube selbst muss an keinen Begriff gebunden sein, zumal der Begriff Gott als Abstraktion dem Glauben mehr schadet als hilft. Dass der Name Gottes in den alten Traditionen nur über gelehrte Umwege gedeutet wird, zeugt indessen schon, dass eine plumpe Erörterung über Gott und seine Existenz nur im geistigen Vokabular der selbsternannten Atheisten, aufgeklärter Gelehrten und religiöser Eiferer seinen Platz hat. Was nicht heißen soll, dass der einfache Mensch, der Ungelehrte und freilich auch der Taugenichts in tölpelhafter Manier mit dem Namen Gottes kläglichen Missbrauch betreiben – oder zumindest den Glauben mit einem Jahrmarkt, bisweilen auch mit einem Bordell verwechseln.

Je gelehrter einer ist, oder vielmehr, je mehr sein Ruf als Intellektueller die Öffentlichkeit einnimmt und sein Verstand im Dunstkreis der Macht zu vernebeln droht, desto leichter und gefährlicher mag er sich irren – denn wo der Zweifel fehlt, wird das gelehrte Urteil von dunklen Begierden vergiftet.

Frei zu sein bedeutet schuldig zu sein.

Oh Mensch! Gieb Acht!
Was spricht die tiefe Mitternacht?
„Ich schlief, ich schlief –,
„Aus tiefem Traum bin ich erwacht: –
„Die Welt ist tief,
„Und tiefer als der Tag gedacht.
„Tief ist ihr Weh –,
„Lust – tiefer noch als Herzeleid:
„Weh spricht: Vergeh!
„Doch alle Lust will Ewigkeit –,
„– will tiefe, tiefe Ewigkeit!"[34]

De Sade – selbst Sprössling eines alten französischen Adels – erforschte wie kein anderer den triebhaften Charakter der menschlichen Spezies in all seinen Ausformungen, Verwerfungen und Perversionen. Es sind Erzählungen, Anekdoten und Übertreibungen – allesamt detailliert beschrieben: Kein Zweifel, der Mensch ist ein lasterhaftes Wesen, das Befriedigung und Katharsis auch in den sexuellen Ausschweifungen wiederfindet. Alles Erdenkliche soll hier zur Erfüllung der dunkelsten Begierden zu Hilfe genommen werden – selbst der Tod ist hier keine moralische Barriere, die möglichst nicht überschritten werden darf. Nein, gerade die Nähe zum Tod steigert die triebhafte Lust ins Ekstatische – eine Bewusstseinserfahrung, die dem menschlichen Geist eines verspricht: absolute Macht.

Viel wurde schon über den Zusammenhang von Macht, Sexualität und Tod geschrieben und auch wissenschaftlich verarbeitet – aber das soll hier nicht mein Geschäft sein.

De Sade kannte die Zirkel und Gesellschaften der hohen Gesellschaft seiner Zeit – im Grunde eine degenerierte und dekadente Gesellschaft, die bereits nach innerer Verwesung stank und eine bevorstehende große politische Umwälzung erahnen ließ. Es ist kein Geheimnis, dass Gesellschaften, die ihrer selbst

---

34 Friedrich Nietzsche, Also sprach Zarathustra

überdrüssig – man möge vielleicht auch meinen, ihrer Kultur fremd – geworden sind, also im Grunde genommen keinem Schicksal folgen und noch weniger Schuld empfinden, zur geistigen Selbstverstümmelung neigen (die körperliche Malträtierung und Verstümmelung folgt der Geistigen). Es wundert daher nicht, dass in einer sterbenden Gesellschaft die Macht keiner festen Ordnung mehr folgt – gleich einem Schwamm, der mit Wasser gefüllt ist, strömt die Macht bei leichtem Druck von außen aus den Poren und ergießt sich über die festen Säulen der Gesellschaft. Nur eine Frage der Zeit, bis die Säulen morsch und marode sind, und unter dem Gewicht der willkürlichen Machtverteilung zusammenbrechen. Eine gesunde Gesellschaft sucht den Ausgleich zwischen Tugend und Macht – dass mit Machtzuwachs die Tugendhaftigkeit des Menschen sinkt, ist schon aus den zu treffenden Entscheidungen heraus zu verstehen.

Keine Herrschaft der Welt wird ihren Staat lebendig halten, wenn große Entscheidungen unter dem strengen Diktat der Tugend beschnitten werden – was aber nicht heißen soll, dass die Tugend hier völlig fehlt und Willkür herrscht, sondern dass eine Gewichtung der einzelnen Tugenden notwendig ist.

Es ist das Geschick des Potentaten, die Tugend für seine ihm anvertraute Gesellschaft zu verwalten – sein Glaube an die Tugend muss stärker sein als die Verheißungen der Macht, sich über die Tugend zu stellen.

Die Macht kennt kein Schicksal und auch keine Schuld – in ihr wirkt die Vorzeit des Menschen, die Abwesenheit von Kultur und Sprache – die fürchterliche Freiheit außerhalb des Zeitenstroms. Es ist nicht der Instinkt allein, der die Menschen vor sich hertreibt. Kein Tier dieser Welt ist mächtiger als sein Instinkt es zulässt – aber sich über den Instinkt hinaus zu behaupten, bleibt allein den Menschen vorbehalten. Dieser Überschuss an Macht muss gebändigt sein – sichtbar, nur im Licht darf die Macht Schatten werfen.

Sie muss klar umrandet sein, die Umrisse fest geschrieben in der jeweiligen Kultur – der Glaube an die Institutionen stark und die Freiheit, sie muss mit den Tugenden Schritt halten. Gegensätze und Widersprüche wiegen einander auf – das Schicksal des Einzelnen ist der Treibstoff einer vitalen und freien Gesellschaft.

Wer nach dem Schicksal greift, wird sich schuldig machen – wer sein Leben der Macht unterordnet, wird zwar alle Schuld von sich weisen, aber er wird sich selbst ein Fremder sein und die Freiheit mit Füssen treten.

Ein Gleichnis grenzt an ein Wunder.

Es zeigt sich zuweilen ein erbärmliches Gemenge von Meinungen und Überzeugungen, das ohnehin nur die Gelegenheit sucht, als die folgsamsten und eifrigsten Büttel der Herrschaft an dem Schicksal anderer teilehaben zu wollen.

Der Preis ist hoch – denn wer selbst sein Schicksal der Macht unterordnet, verliert nicht nur seine Freiheit, sondern auch seine Würde. Und kein Gericht der Welt kann das Verlorene zurückklagen. Fürwahr: Wo es keine Schuld gibt, muss die Gerechtigkeit auch nicht wirksam sein.

Ein schlechtes Gewissen befreit uns keineswegs von der Schuld.

Die Formel, die jedem Eiferer, Mittelmäßigen und Tölpel – sei er noch so unbedeutend und lächerlich – die Gunst der Herrschaft sichert: Je größer die Anzahl der Menschen, die dasselbe Schicksal teilen, desto weniger Schuld lastet auf ihm selbst. Es braucht hier kein göttliches Auge, um die Niedertracht und Heuchelei zu erkennen. Was heißt es, ein gutes Leben zu führen? Gut für wen – und wozu? Gut, um seiner selbst willen? – Wohl kaum. Das Gute kann über das Schlechte hinwegtrösten – mehr kann das Gute gar nicht leisten!

Die moralischen Kategorien übervorteilen die im Zeitstrom stehende Macht – das Gute versteht sich daselbst in Abhängigkeit der jeweiligen Herrschaft. Und das Schlechte kann nicht oft genug wiederholt werden, damit das Gute endlich hochkommt.

So scheint das Recht auf das Gute dem Menschen kostbar zu sein – das Schuldeingeständnis, das mit jeder Handlung einhergeht, wird mit dem Recht das Gute zu wirken, übertüncht. Es ist ein Leichtes, das Gute zu wirken, wenn die Schuld nicht aufwiegt. In jedem Augenblick zerfällt das Leben in seine Bestandteile – der Mensch in seiner Erscheinung, in seinem Treiben und in seinen Hoffnungen verschwindet in der baulichen Klarheit des Universums – die Sonne strahlt für den Menschen mit derselben Kraft wie auch dem toten Berg, der stumm und mächtig vor dem Menschen sich erhebt. Alles wird klein und unbedeutend, wenn der Augenblick den Zeitenstrom durchschneidet – aber was bleibt außerhalb des Zeitenstroms für den Menschen noch übrig? – Vage Erinnerungen und Rätsel, die undeutlich und fernab unserer Sinne in der Geburt dieser Welt verborgen liegen? Vielleicht sind es die Augenblicke unserer Existenz, die aus der Endlichkeit emporschnellen und das Schicksal unseres Daseins einfordern – man möchte fast meinen: ein Geschenk der Götter, um von ihrer Macht zu kosten.

Aber warum sollten sie einem Wesen, das ungelenk und unstetig vor sich hinstolpert, sich selbst mehr fürchtet, als das große Unbekannte – sich lieber an Ketten legen will, als in Freiheit zu scheitern, den Blick außerhalb des Zeitenstroms gewähren?

Und was schert es die Götter, ob der Mensch sein Leben dem Guten andient, wenn er aus Furcht vor der Schuld sein Schicksal meidet? Es mutet komisch an, wenn der Mensch aus dem Zeitenstrom heraus das Schicksal der Welt – oder gar das Schicksal der Götter – verhindern will, aber sich feige seinem Schicksal entzieht, indem er das Gefängnis der Freiheit vorzieht.

Im Zorn gesprochen: Es stellt einen Menschen von Rang – vorweg: nicht der Rang, der auf der Bühne der Eitelkeiten mal tief gebückt, mal krumm erhoben im verschwenderischen Austausch von Nichtigkeiten, möglichst nah am Anus der Macht, sich mit geistigem Abort beschmiert – schwer auf die Probe, die tägliche Verkommenheit, Falschheit und Dummheit zu ertragen – nicht nur, dass die Günstlinge, Büttel und Mittelmäßigen für geringen Lohn ihre Freiheit verkaufen, schlimmer noch: Sie meinen das Gute zu wirken, im Dienst der sogenannten Allgemeinheit ihre Taten zu verrichten. Wehe dem, der ihren guten Willen abträglich ist!

Hört ihr sie nicht? – Die grauenhaften Schreie, das Flehen, das grobe Schlachten? Seht ihr nicht das Morden und Brandschatzen? Verdammt sei es, graut es euch nicht?! „Nein, du Narr – wir hören und sehen nichts! Deine Schlacht wurde schon geschlagen – es gibt nichts mehr auf dieser Welt, das zu schlagen wäre." Das sagt ihr wohl, weil euer Herz verdorben und die Freiheit erloschen ist – die Leere strahlt aus euren Herzen. Der Siegerkranz auf eurem Haupt ist nicht von Dauer – euer Sieg bleibt auf dem Schlachtfeld – seht ihr es nicht? Dort unten, unter all den Toten und gemarterten Leibern, liegt sie begraben: die Freiheit!
Ihr sterbt auf dem Schlachtfeld der Freiheit auf ewig; eure gewonnene Schlacht war nur der Kampf um die Leere in euren Herzen.

Scharlatane – was wäre die Welt ohne den Witz und den Schneid der Scharlatane?! Was der Blinde nicht sieht, kann er vielleicht hören – und was der Taube nicht hört, kann er vielleicht sehen. Aber schlimmer stehts um den Verblendeten – er sieht mit den Augen und hört mit den Ohren des Scharlatans.

Der Büttel – seine Existenz scheint die widerlichste unter den menschlichen Typen auf Erden zu sein. Das, was er in seinem Gebrauch der Vernunft über die Gesellschaft ausschüttet, ist pures Gift. Sein verfaulter Charakter riecht nach Verwesung und Tod – die gute Absicht ist immer die schlechte Tat. Er beruft sich zwar immer auf das Sittliche, auf die Moral und die Wissenschaft – und wenn es seinem verdorbenen Charakter hilft, auch auf Gott. Die Geschichte ist voll von diesen Kreaturen – kein Fortschritt der Welt kann sich von diesem Abschaum befreien. Ohne den Eifer ihrer Rechtschaffenheit, ihrer geheuchelten Liebe zu den Menschen, ihrer Aufopferung für die Wissenschaft, wäre das vergossene Blut der Geschichte wohl in steten Tropfen über das Schicksal des Einzelnen geronnen – und nicht, wie uns die Geschichte lehrt – in Strömen von Blut. *„Ihr Otterngezüchte, wer hat denn euch gewiesen, dass ihr dem künftigen Zorn entrinnen werdet?"*[35]

Feine Büttel – Gelehrte, Künstler und kluge Köpfe, die sich der Herrschaft andienen, werden wohl mit dem Brandmal des Büttels vorliebnehmen müssen. Neuerdings ist aber die Vereinnahmung dieser Leute durch herrschaftliche Machterhaltung ein schlimmeres Vergehen als die Unterwerfung vor diesen Derivaten selbst; obwohl aus der Vereinnahmung durch die Herrschaft mehr Lob und Anerkennung dem Geschädigten zugesprochen wird als der kriecherischen Unterwerfung. Die größte Auszeichnung, die einem Gelehrten, Künstler oder Dissidenten allerdings bleibt, ist die Ablehnung und Verächtlichmachung der Wahrheit, die er gegenüber der Herrschaft ausspricht.

So stellen sich die feinen Damen und Herren frei und selbstbestimmt in die Öffentlichkeit – denunzieren und relativieren alles, das der Herrschaft ungünstig scheint, oder mit Klarheit gesprochen – der Lüge abträglich ist.

„Ja, aber wenn es der Wahrheit letzten Endes doch nützt!" – So der wahnwitzige Einwurf der feinen Büttel.

Es wird wohl keiner Herrschaft daran liegen, die Wahrheit unter das Volk zu streuen, wenn es sich mit der Lüge besser haushalten lässt. Die Wahrheit können die Potentaten nur einmal spielen, die Lüge hingegen ad infinitum.

In den wenigen Augenblicke unseres Lebens, in denen sich die Wahrheit zeigt, ist diese meist einfach. Klar sind ihre Formen und eindeutig ist ihr Inhalt. Gerade die Ungelehrten – die einfachen Menschen – werden sie erkennen. Mittelmaß, Durchnittlichkeit – und am Ende Unterschiedslosigkeit soll unter den

---

[35] Matthäus 3,7

Armen als auch unter den Reichen gelten; zwischen den Gelehrten und Ungelehrten, selbst das Schicksal des Einzelnen soll sich in der Furcht auflösen.

Wenn das Einfache der Wahrheit zuträglich ist oder anders gesagt; die Wahrheit dem einfachen und ungelehrten Menschen als auch dem Hochgelehrten und Genius im selben Licht erscheint, dann kann die Lüge nur in der Mittelmäßigkeit auf fruchtbaren Boden stoßen – der Herrschaft sei es demnach gelegen, das Volk in seiner Mittelmäßigkeit zu bestärken und zu fördern, damit das Einfache – die Wahrheit – an den Rändern der Gesellschaft verstummt. Die Lüge gedeiht im Mittelmaß – eine Gesellschaft tut gut daran, die Würde des Menschen in seiner Vielfalt und Unterschiedlichkeit zu begreifen – die Würde des Einzelnen nicht in das kollektive Schicksal menschlicher Schablonen zu pressen.

Zu glauben, dass in der Geschichtsschreibung die Frau eine untergeordnete Rolle im Zeitenstrom einnimmt, ist mehr als ein Irrtum. Sie mag zwar nicht im großen Stil in den Geschichtsbüchern stehen – oder den Ruhm, aber auch die Schande, und das geschichtliche Urteil nicht mit den Männern der Geschichte teilen, aber ihr Einfluss auf den geschichtlichen Verlauf würde so manche historische Tatsache aus den Angeln heben.

Wer an der Macht ist – ist mächtig. Einerlei ist die hehre Überzeugung.

Idioten – und die beste aller möglichen Welten.

Menschen mit Geist müssen erst begeistert werden – und die Tugend kommt von allein. Eine Welt ohne Geist, eine nivellierte Massengesellschaft, in der sich der Schuft kaum von der ehrlichen Existenz unterscheidet, oder schlimmer noch: Die Mittelmäßigkeit das Schwert und die Feder führt – hier muss die Tugend geradezu verkümmern. Aber was sage ich! Was heute als Begeisterung stattfindet, ist der Versuch, den Menschen aus der fürchterlichen Freiheit der niederen Instinkte hin in die gleichförmige Existenz der Mittelmäßigkeit zu geleiten. Zu mehr Geist ist er gar nicht mehr fähig – zumindest wünscht es die Herrschaft auch nicht.

Kann der Philosoph inmitten der Gesellschaft stehen? Er muss in ihr stehen, aber er kann in ihr nicht leben – denn mit einem Fuß muss er in der Ewigkeit stehen.

Was sie nicht alles über den Menschen wissen! Und wichtiger noch: Wie sie den Menschen – nach ihrem Ebenbilde geformt – selbst überdauern wollen! Unsere Gelehrten, unsere Verneiner des Schicksals! Unsere Helden der Mittelmäßigkeit – Priester des Durchschnitts und der Belanglosigkeit! Die versteinerte Wüste des Mondes birgt mehr Leben als euer harmloser Mensch der Zukunft.

Es setzt mich nicht in Erstaunen, dass selbst Tyrannen, Mörder, Verbrecher und andere Taugenichtse aus dem Schoss einer Frau geboren wurden – und mitunter auch von Müttern großgezogen wurden.
    Das Urteil ‚toxische Männlichkeit', welches sich kulturübergreifend durch blutige und abstoßende Spuren in der Geschichte zu wiederholen scheint, bleibt als bloße Geschlechterzuschreibung allenfalls mangelhaft.

Der harmlose Erbsenzähler, der vom anderen Geschlecht Gemiedene – kurz, der, welcher aufgrund seiner körperlichen und geistigen Anlagen die unteren Ränge des gesellschaftlichen Spiels einnimmt, entpuppt sich als Totengräber der Freiheit, indem er die erworbene Macht in seiner verkümmerten und rachsüchtigen Wut korrumpieren lässt.

Der Mensch kann sich in seiner geistigen Umschau dem Eifer hingeben – bis hin zur blinden Raserei. Oder aber er schaut in geistiger Klarheit mit den Augen anderer Menschen.

Es ist den Apologeten des Weltstaates – den Zentralisten der Gerechtigkeit – eigen, dass sie das Menschsein auf seine bloße Funktion hin zu verstümmeln versuchen. Dass sie die Würde des Menschen über Gesetze einfordern, zeigt das große Misstrauen, oder besser gesagt: Die Verachtung des freien Willens überhaupt. Endlich ist es der freie Wille des Menschen, der uns vom Automaten unterscheidet.

> *„Wer Unrecht tut, gehört unters Schwert,*
> *Nicht wer falsch glaubet und lehrt."*
> (vermutlich Sebastian Franck)

Verkehrtgelehrten und Gelehrtverkehrten.

Das Ungeheuer der Herrschaft:
Im rechten Arm straft es die Menschen mit Tyrannei – Im linken Arm verblendet es die Menschen durch Gleisnerei.

Was die Wissenschaft – die selbstherrlich in den Diensten der Macht verdirbt – angeht, bleibt im Grunde genommen nur eines zu sagen:

> *„Merus doctor, asinus merus"*[36]

Wenn sich mit jedem starken Wort des Menschen Geist erhebt, alsbald die Gesellschaft unter seinen Füßen bebt.

Ich würde fast meinen, dass es in einer Welt ohne Täter – in welcher Geburt und Tod auf demselben Altar geopfert werden – es bereits eine Tugend darstellt, schuldig zu sein. Schuldig in dem Sinne, sich seinem Schicksal zu stellen, es herauszufordern, die Freiheit zu haben, auch das Schicksal abzulehnen.

---

36 „Bloß ein Doktor, also sicher ein Esel"

Wenn wir uns schon im Ebenbilde Gottes erkennen wollen, dann müssen wir auch den freien Willen des Menschen ehren und hochhalten.

Und kein größeres Geschenk kann den Menschen geboten werden als der schicksalhafte Gang von Geburt an bis hin zum Tod.

Die Schuldmetaphysik des Christentums arbeitet mit der Prämisse, dass die Schuld aller Menschen durch den Kreuztod des Jesus von Nazareth für alle Zeit vergeben worden ist. Wie wenig Vertrauen das Christentum dem freien Willen des Menschen dadurch schenkt, wird aus der Schuldmetaphysik deutlich. Das Böse, die Lüge, das Scheußliche, aber auch das Schöne, das Erhabene und Edle und nicht zuletzt das Schicksal selbst soll möglichst vom Menschen ferngehalten werden. Aber: Eine Welt ohne Schuld ist eine Welt ohne Freiheit. Was alle Religionen und Ideologien, so sie den Menschen in die Mittelmäßigkeit und Unterschiedslosigkeit entarten lassen wollen, eigen ist, summiert sich endlich in der Furcht vor der Schuld. Und nur in der Abschnürung und Zurichtung des menschlichen Schicksals können sie diese Furcht überwinden.

Wir sind aber, seitdem sich der christliche Gott zurückgezogen hat – oder besser gesagt, dieser Gott aufgeklärt wurde – in eine Epoche eingetreten, wo die Schuld und ihre Erlösung durch den Christus nur noch in der Form eines Imitats existiert. Ein Imitat, das als diesseitiger Gebrauchsgegenstand der weltlichen Macht zugänglich ist. Und diese Macht erlöst den Menschen zwar von seiner gesetzlichen Schuld; aber es gibt keine Täter mehr, sondern nur noch Opfer. Es hat sich im Zuge der Aufklärung eine seltsame Kraft in das menschliche Zusammenleben eingeschlichen – zwar an sich eine Macht, die außerhalb menschlicher Kultur und Sprache immer schon existiert hat – nur hat diese Macht durch die Abwesenheit göttlicher Transzendenz auch inmitten des menschlichen Lebens seinen Platz eingenommen. Dass die gesellschaftlichen Maximen, die in der Kultur des Menschen sich entwickelt haben, von nun an *ohne Bedingung* das Zusammenleben der Menschen regeln sollen, kann nur in der

Verneinung der Schuld selbst begründet sein. Aus christlicher Perspektive ist die Verneinung der Schuld, im weiteren Sinne die Verneinung des Schicksals des Menschen, das Böse selbst, das gemeinhin im satanischen Bild offenbart wird.

Was wir als aufgeklärte Menschen auch mit dem Nichts beschreiben und mit dem Begriff Nihilismus versuchen festzuhalten, ist nichts anderes als das christliche Böse, dass sich uns in der christlichen Metaphysik darstellt.

Je unterschiedsloser und schuldloser sich der Mensch gebiert, desto stärker die Sogwirkung des Nihilismus.

Es wird fälschlicherweise der Nihilismus mit einer Entwertung gesellschaftlicher Moral und Sitten in Verbindung gebracht – vielmehr aber entwickelt der Nihilismus eine isolierte gesellschaftliche Sphäre, in der eine Perversion der Macht stattfindet. Und diese Macht entwertet die Schuld – sie breitet sich *bedingungslos* über die Menschen aus. Und klar gesprochen: *Der Nihilismus definiert sich nicht über die Entwertung von Moral, Sitten, Normen usw., sondern über die Entwertung des Schicksals – dem freien Willen des Menschen überhaupt.*

Es ist im Grunde einerlei, ob die Handlung eines Menschen nun im Gegensatz zu geltenden Moralvorstellungen vollzogen wird, oder wie es Ernst Jünger formuliert, wenn das Verbrechen aus dem moralischen Zusammenhang in den automatischen übergeht:

„Der Nihilist ist kein Verbrecher im hergebrachten Sinne, denn dazu müsste noch gültige Ordnung sein. Aus demselben Grunde aber spielt das Verbrechen auch keine Rolle für ihn; es tritt aus dem moralischen Zusammenhange über in den automatischen. Wo der Nihilismus zum normalen Zustande wird, bleibt dem Einzelnen nur noch die Wahl zwischen Arten des Unrechts."[37]

---

37 Ernst Jünger, Über die Linie

Es wundert daher nicht, dass gerade das Mittelmäßige sich dem Zauber der pervertierten Macht – dem nihilistischen Sog – kaum entziehen kann: denn die Macht, die aus der Kultur erwächst, ist immer an *Größe und Elend* im Menschen gebunden. Der Mensch muss die Macht bedingen – der Mensch ist es, der Kraft seines freien Willens, die Macht umschließen kann.

Die Gelehrten müssen sich immer gewahr sein, dass ihr Handwerk den freien Willen des Menschen nicht berühren darf – die Gelehrten dürfen nicht dem Irrsinn und der Versuchung verfallen, die Menschen als bloße Opfer, als Gefäße der Macht hin zu reduzieren (in manchen Wissenschaftsfeldern gar zu stilisieren). Denn wo kein Täter mehr das Messer führt, braucht es auch keinen freien Willen, um es zu führen. Die Macht muss im freien Willen des Menschen gebunden sein, damit der Mensch sein Schicksal greifen kann. Freilich – der Mensch wird sich schuldig machen. Und das ist gut so.

Denn wird dem Menschen seine Schuld genommen, verschwindet er im Nichts – und ein Automat führt das Messer.

Und wenn die Nacht anbricht, werden wir die Opfer nicht von den Tätern unterscheiden können. Aber wenn der Morgen dämmert, werden wir die Opfer vergessen und den Tätern ein Denkmal errichtet haben.

Der Teufel muss erst im Geiste des Menschen wohnen, damit der Mensch die böse Tat verneinen kann.

In kurzen Momenten und seltenen Augenblicken wird der Geist im Zeitenstrom zurückgeworfen. Die Teile fügen sich dann zu einem Ganzen. Die schauerliche Aufregung der kindlichen Vergangenheit schneidet den suchenden Blick der Gegenwart und weist in die Zukunft – euphorisch greifen wir unser Schicksal.

Was nützt all die Begriffsmeisterei, wenn sie ohnehin nur das aussagen will, was dem freien Wort abträglich ist.

Feigheit – je weiter sich das Individuum von seiner Schuld entfernt, desto feiger sein Gebaren und sein Urteil. Alles deutet darauf hin, dass in einer sterbenden Kultur die Tugenden verblasen und die Gesellschaft keine Schuld mehr zulässt, weil sie diese Schuld auch nicht mehr verwalten kann – denn jede Unstimmigkeit würde die Macht sichtbar machen. Es ist daher den Gleichmachern ein Anliegen, ein schuldloses Kollektiv zu schaffen, denn in dieser Form ist die Feigheit eine Tugend und der Mut, selbstbestimmt und frei zu handeln, ein Verbrechen. Alleinig um der Macht willen, also um der Herrschaft zu gefallen, eine Handlung zu setzen – hierzu braucht es keinen Mut, sondern Gehorsam.

Rückzug, Resignation und Wiederkehr – Unser Leben ist für den geübten Beobachter ein dramatisches Schauspiel – und was wäre in diesem Zusammenhang nicht besser geeignet, die Summe unserer Lebenszeit darzustellen als die Inszenierung eines Theaterstücks. Nun gut, wenn also der schwarze Vorhang nun doch gefallen ist und die Szenen auf der Weltbühne pausieren, verlieren sich unsere Gedanken in der Endlichkeit der eigenen Lebenszeit. Ach, was wohl die nächste Szene dem staunenden Geist eröffnen wird? – Manche Ereignisse mögen aus dem Zeitenstrom herausschnellen und die Szene mag eine unerwartete Wendung nehmen; doch der dunkle Schleier legt sich langsam und zäh über die Schauspieler und Figuren – fahl und starr mimen sie das Spiel – und die Erkenntnis ihrer Darbietung verblasst zur Unkenntlichkeit. Wozu das Spiel, die quälende Ungewissheit – das Opfer? Denn jede Szene wird neu geschrieben: Der Tod wacht über den Austausch der Akteure und die Natur lässt in ihrer Weisheit neue Bühnenbilder entstehen.

Wenn wir inmitten des Lebens stehen, die Gefahr die Lebensader zu erdrücken scheint, die Beklemmung und Verzweiflung Oberhand gewinnt – und selbst die seltenen Augenblicke außerhalb des Zeitenstroms uns verschlossenen sind – der Wille zur Freiheit zu versiegen droht, erst dann hat die Szene zu ihrer wahren Bestimmung gefunden. Die Qualität einer Aufführung führt den Menschen zum Abgrund – hier liegt es am Menschen selbst, ob er den Blick in den Abgrund wagt, oder aber seinen Blick abwendet und sich seinem Schicksal verweigert.

Es macht am Ende keinen Unterschied – der Tod verrichtet seine Arbeit – und die Natur erschafft ein neues Bühnenbild und neue Figuren erobern die Szene.

Es zeugt von unglaublicher Arroganz und Dummheit, eine seichte Aufführung zu inszenieren, in der eine Szene in Dauerschleife dargeboten wird. Man erhofft eine Aufführung, ohne Autoren zu inszenieren, die Schauspieler und Figuren sollen konturlos bleiben und Utopia soll die Natur ersetzen.

Und alles in der Hoffnung, dem Schicksal zu entgehen? So will der moderne Mensch sein Ende abwenden? – Er vergisst dabei, dass jede Szene uraufgeführt wird und die Autoren ihr Handwerk beherrschen. Wo die Existenz der Autoren geleugnet und ihr Werk imitiert wird, werden die Menschen zwar im Zeitenstrom voranschreiten, aber sie werden weder frei noch als Mensch erkannt sein. Denn alle Schuld will Ewigkeit.

Still geleitet uns der Tod hinüber. Wieder geworfen in das Licht, breitet sich die Welt vor uns aus. Weit weg, fern von uns, ziehen Wolken auf.

Einst sprach der Tod und alles ward still – und donnernd rollte die Armee heran!

Die Digitalisierung ist ein Merkmal der Gleichmacherei – nie in der Menschheitsgeschichte zuvor konnte das einzelne Menschenleben so einfach aus seiner Anonymität gerissen und seine Freiheit vernichtet werden. Die Macht, welche sich hinter diesem Kunstgriff verbirgt, ist weder am Elend noch an der Größe des Menschen interessiert – und noch weniger gebunden.

Sie arbeitet absolut. Absolute Herrschaft und Macht wollte der Mensch bekämpfen – es stimmt nachdenklich und lässt einen erschauern, wenn die Gleichmacher in der Maschine Gerechtigkeit finden wollen. Die Vorzeichen dieser Entwicklung waren zu erkennen – das 20. Jahrhundert kann Zeugnis davon ablegen.

Wird zum Angriff geblasen, dann thront die Freiheit auf dem Banner; in der Verteidigung aber ist die Freiheit lediglich ein Stück Fetzen, der zu allem taugt, was gerade anfällt.

Das Leben gleicht einem großen Schauspiel: Der Tod tauscht das Ensemble aus und die Natur lässt in ihrer Vielfalt neue Bühnenbilder entstehen.

Blaise Pascal schrieb einmal, dass es dem Menschen unmöglich scheint, sich allein in einem Zimmer mit seinem Verstand zu beschäftigen.

> *„Das ganze Unglück der Menschen rührt allein daher, dass sie nicht ruhig in einem Zimmer zu bleiben vermögen."*[38]

Das Unglück des modernen Menschen kann dahingehend nicht größer sein, als er das Refugium der Selbstreflexion für immer verlassen hat. Und wo der Geist keine Ruhe findet, schlagen die Dämonen wild um sich. Ereignisse, die außerhalb des Zimmers passieren, haben durch die Technologie unserer Tage den Menschen in einen dauerhaften Ausnahmezustand versetzt – das Unglück, welches Pascal in der Missachtung der individuellen Integrität erkennt, wird zur menschlichen Qualität hochstilisiert und die Idee individueller Freiheit ins Gegenteil pervertiert.

Sich um seinen Geist zu bemühen, liegt in der Würde des Menschen – denn wo kann ein Mensch freier sein als allein in seinem Zimmer, nur mit sich selbst beschäftigt.

Dieser elementare Einschnitt – der durchaus einer feindlichen Übernahme gleicht – in die geistige Integrität des Menschen

---

[38] Aus den Pensées von Blaise Pascal

kann in seiner sozialen Reduktion beobachtet werden. Es braucht nicht viel Fantasie und gar die Tendenz zu schwermütigen Visionen, um die Tragweite dieser Entwicklung zu beschreiben. In der Verkürzung und Verknappung der Sprache – ihrer reichhaltige Ausdrucksform, die über die sinnliche Beschreibung hinausreicht – wird der Mensch aus dem *Zimmer* vertrieben. Denn nur in der geistigen Ruhe ragt die Sprache über das bloße Zeichen oder Signal hinaus.

Es gibt keinen Grund, sich vor dem kulturellen Niedergang der westlichen Zivilisation zu fürchten – das Verschwinden von Kulturen vollzieht sich nur selten in großen Katastrophen. Zwar haben in den letzten 200 Jahren sehr merkwürdige Ereignisse die soziale Umwelt des Menschen gehörig in seiner Conditio humana erschüttert und bleibend verändert, aber die Todesangst – der tiefe Schlund, der sich auftut, wenn das Menschsein verneint wird – konnte bisher im freien Willen des Menschen gebunden werden. Freilich, es ist nicht abzusehen, inwieweit die Technologien der modernen Welt fähig sind, das Menschsein einer totalen Determination zu unterwerfen; Hinweise lassen aber vermuten, dass der Mensch als Träger des freien Willens seine letzten Schritte als außergewöhnliches Tier auf dieser Welt setzt. Aus den alten Kulturen erwuchsen neue Kulturen – Sitten und Gebräuche, Verfassungen und politische Systeme, Menschen und ihr Umfeld haben sich verändert und dem neuen kulturellen Typus angepasst. Aber selbst in diesen Transformationen hat der Mensch seine Würde bewahrt, indem er im Menschen Größe und Elend erkannte und seine kulturelle Entwicklung nach dieser Erkenntnis formte. Die Frage, die sich hierbei aufdrängt: Haben wir es heute doch mit einer Urkatastrophe zu tun; ist die Ära des Menschen in seiner ursprünglichen Form vorbei? Können wir dann überhaupt noch von einer neuen, sich anbahnenden Kultur sprechen?

Kants Frage, was ist der Mensch, als Kernfrage zur Ergründung des Menschseins kann im Zusammenhang mit einer neuen Lebensform, eines neuen Organismus, der dem Menschen im

Inhalt und als Form ablöst, nicht mehr gestellt werden. Es wird auch unmöglich sein, eine Gesellschaft nach den Parametern einer Kultur hin zu Beschreiben oder zu ergründen. Mit welcher Arroganz und Dummheit der freie Wille des Menschen bisweilen unterbunden und zerstört wird, ist atemberaubend.

Wie viel Lust und Befriedigung es Menschen bereiten kann, ihr Schicksal einer Ideologie unterzuordnen, die durch ihr Opfer unseren Planeten retten will, der aber durch das Menschenopfer nicht gerettet werden kann.

Vermessenheit und Größenwahn sind charakterliche Attribute, die dem ersten als auch dem letzten Menschen vertraut sind – und selbst dann, wenn das menschliche Antlitz eine dämonische Fratze annimmt, konnte der freie Mensch sein Schicksal ergreifen und das Untier erschlagen. Der einsame, aber freie Wille ist es, der Furchen reißt und den Zeitenstrom schneidet, er ist es, wovor es den Gleichmachern schreckt. Er ist der Weichensteller.

Die Freiheit braucht keine Wissenschaft, um ihre Existenz zu beweisen.

Der freie Mensch ist auch Übermensch.

Es braucht viel Anstrengung und gelebte Zeit, um sich im Denken sicher fortzubewegen. Das Unbewusste muss stärker in den Denkprozess eingebunden werden – auch wenn die Absurdität und der Graus, welche uns das Unbewusste bereithält, die alltäglichen Mühen der gesellschaftlichen Orientierung zu überlagern droht. Das Denken ist nicht nur Werkzeug des Alltags und der nüchternen Wissenschaft, sondern auch Kontemplation.

Was der moderne Mensch mit all seinen verfügbaren Kräften scheut, ist die Selbstschau – der Blick des Adlers, der über den Abgrund kreist. Hier verlangt es nach Mut, den Platz des Adlers einzunehmen. Ein Mut, der wenig weltlichen Lohn bringt, aber eine unbezahlbare Erkenntnis dem Mutigen verspricht.

Die Liebe ist für die Philosophie ein zu gefährliches Terrain, um hier prägnante Aussagen zu treffen, die nah genug an der individuellen Erkenntnis liegen würden – Poesie und Dichtung sind dagegen eine adäquatere Form der Annäherung. Die Wissenschaft, insbesondere die Evolutionsbiologie, erkennt im Liebesspiel und ihrer mannigfaltigen Erscheinungsform unter den Geschöpfen dieser Erde ein Muster, das teleologisch abgeleitet werden kann. Ob das Liebesspiel nur der Fortpflanzung aller Lebewesen zugrunde liegt, ist einerlei. Denn selbst die Tötung und Selbsttötung der Lebewesen um der Fortpflanzung willen lässt den Liebesrausch nicht weniger stark erleben, wenn die Aussicht auf Erfolg – die geglückte Fortpflanzung – auszubleiben scheint. Denn was für Mephisto gilt, gilt für den enttäuschten Liebenden, den Zu-kurz-Gekommenen, den Verschmähten umso mehr, denn es liegt in der Natur seiner Existenz:

> *„Drum besser wär's, daß nichts entstünde.*
> *So ist denn alles, was ihr Sünde,*
> *Zerstörung, kurz das Böse nennt,*
> *Mein eigentliches Element."*[39]

Freilich, die Natur wird ihre Wege finden, die Reproduktion des Menschen zu gewährleisten bzw. der Mensch wird anderweitig Apparaturen und Automatismen entwerfen, um die Dialektik von Leben und Tod zu imitieren. Und überall, wo die Automatismen und ihre Apparaturen den Menschen ersetzen, wird die Gefahr menschlicher Leidenschaften – in unserem Fall auch der Liebestaumel – auf die Instinkte hin reduziert werden. Es muss hier nicht zusätzlich betont werden, dass eine Gesellschaft, die ihren Fortschritt und ihre Entwicklung bloß über die Instinkte verhandeln will, auch den freien Willen des Menschen negieren muss.

---

39 Goethe, Faust

Was gemeinhin unter Zukunft summiert wird, ist von einem großen Irrtum erfüllt: der lineare Zeitenstrom.

Es gibt im Grunde nur zwei Arten, wie wir Menschen begegnen können: mit Misstrauen oder Vertrauen. Der Rest dazwischen gehört zum gesellschaftlichen Spiel.

Ich bin zudem mit Frohsinn gestimmt, weil ich überzeugt bin, dass nach dem Niedergang und Verschwinden des Menschen der Fortgang des Kosmos – der Zeitenstrom – noch millionenfach kreatürliche Wesenheiten hervorbringen wird. Die Zukunft unserer Wesenheit liegt daher nicht im Zeitenstrom.

Eine Hand wäscht die andere Hand ... *Manus manum lavat.* Es dreht sich einem der Magen um, wenn der Gebrauch dieser Redewendung durch den mittelmäßigen Pöbel und den schmutzigen Gelehrten für die niederen Zwecke ihrer Verschlagenheit in sein Gegenteil verkehrt wird.

Emori nolo, sed me esse mortuum nihil aestimo.[40]
Sterben will ich nicht, aber tot zu sein achte ich für nichts.

Der Sensenmann ist ein gerechter Zeitgenosse – und Gnade ist ihm fremd. Kein Mensch, sei er auch noch so verschlagen und verkommen, aber auch so ehrlich und gütig, wird mit zweierlei Maß gerichtet. Sein Handwerk überdauert den Zeitenstrom – und sein Schnitt hindurch ist endgültig. Es wundert nicht, dass die Furcht vor dem Gevatter ins Unerträgliche wächst, wenn dem Menschen sein Schicksal im Zeitenstrom verwehrt bleibt. Immerhin ermöglicht es der freie Wille des Menschen, über den Zeitenstrom hinaus zu blicken – auch mit der Gefahr hin, dass der Tod seine Sense zu früh ansetzt.

---

40 Epicharmos

So schütteln die Gerechten dieser Welt, die der Wahrheit öffentlich schmeicheln, aber die Wahrheit heimlich verachten, unglaubwürdig den Kopf über vergangene Gräuel, schieren Wahnsinn und begangenes Unrecht – selbst aber eifern sie frohen Mutes darauf hin, denn das vergossene Blut schmeckt zu jeder Zeit gleich.

Die Schauspielerei erfordert ein sehr feines Gespür und eine zarte Intelligenz – ihre Kunst erleidet leicht Schaden, wenn sie sich in den Dienst der Herrschaft stellt. Gerade die Gunst der Stunde will genützt sein, um den Herrschaften die Selbstschau nicht zu ersparen. Wie so oft muss der Narr der Spiegel seiner Herrschaft sein.

Es ist unmöglich, einen anderen Menschen mit einer derartigen Inbrunst zu verachten, wie sie uns durch Manipulation und Propaganda in unsicheren Zeiten täglich serviert wird.

Dekadenz, Feigheit und Dummheit – die Parameter des Durchschnitts.

Wer Gnade sprechen will, muss glauben.

Vieles findet über den Tag Eingang in unser Denken, aber wenig Wertigkeit findet sich darunter; es taugt nicht, unsere Zeit damit zu verschwenden oder sich lediglich zu zerstreuen. In diesen Tagen ist es besser, sich dem Wesentlichen zu widmen, das heißt nicht, seinem Leben ein Ziel zu setzen, oder salopp gesagt, in den Griff zu bekommen, wie so oft eine Vertragsklausel der gesellschaftlichen Vollwertigkeit: Die Abläufe des Tages müssen geregelt sein, alles muss geregelt sein, um ein vollwertiges Mitglied der Gemeinschaft zu werden, auch die Liebe und alles, was sie umgibt. Auch die Freude muss geregelt sein, damit sie nicht am Leiden scheitert. Es sollte daher festgehalten werden: Unser Leben dient nur uns und keinem anderen. Teilen, Lieben, und die anderen edlen Handlungen werden durch das Leben-im-Griff-Haben ihres Inhalts beraubt.

Andere behaupten, dies seien Taten eines großen Charakters, ich sage, es sind Handlungen eines zutiefst selbstsüchtigen Blenders. Die einzige Handlung, die sie nicht verstecken können, ist ihr eigenes Sterben, welches durch den Tod garantiert wird. Alle Menschen müssten in einem sterbenden Zustand einander begegnen, um ihrer Eigenliebe zu widerstehen. In diesem Zustand ist der Mensch der Ursprung, verbunden mit der Reinheit eines Kindes, und endlich seine wahre Bestimmtheit: nämlich die einer denkenden Wesenheit. Das Wissen um den eigenen Tod ist die Vorrausetzung eines denkenden Wesens.

Erst durch das Wissen um den Tod bergreift der Mensch seine Sinne, die Welt erscheint ihm in ihrer Vielheit, in ihrer Unterschiedlichkeit, in ihrem Ausdruck. Die Endlichkeit seines sinnlichen Leibes und seine Erkenntnis durch ihn ermöglicht dem Menschen seine Gegenwart, seine augenblickliche Affirmation der Welt. Wäre denn das menschliche Individuum unsterblich, würde es bloß in seiner Möglichkeit verharren. Sein Streben nach Erkenntnis durch die sinnliche Welt und deren mannigfaltige Erscheinung eröffnet dem Menschen keinen Blick über den Tod hinaus, sondern schränkt das Individuum auf sein Dasein überhaupt erst ein.

Kausalnexus – Voraussetzung einer kausalen Verbindung ist der Drang nach einer objektiven Notwendigkeit in der physikalischen Wirklichkeit. Der Irrtum jener Anschauung liegt in der Gleichgültigkeit, in deren Folge das Beobachten und umgekehrt, dass Nichtbeobachten, den Verlauf einer bestimmten Ursache zu einer bestimmten Wirkung in Anbetracht der gleichen Bedingungen des Erfolgs dementsprechend gleiche Ergebnisse beinhalten soll.

Es gilt vorausgesetzt, dass die Wirkung aus der Ursache begründet ist und deshalb notwendig nur diese Wirkung eintreten kann. Aber was wir augenblicklich erkennen, ist nur die Welt, die wir geworden, als Raum vorstellen, d. h. die Hinsicht der Welt, die den Inhalt der Vergangenheit sinnlich erfüllt. Durch den Begriff erfüllt sich die zu betrachtenden Form mit Inhalt, die ihre sinnliche Beschaffenheit aus der Vergangenheit schöpft.

Daher ist es unmöglich, einen Vorgang zu beschreiben, welcher im Zukünftigen erscheint; die Gegenwart erschließt sich aus dem Gewordenen, aus dem Vergangenen. Eine kausale Lehre stützt sich auf den Optimismus, durch die Grundlage einer offenbarten Notwendigkeit der Gegenwart Prognosen für die Zukunft erstellen zu können. Wäre dem so, dann beträfe die Prognose Ordnungen, welche zeitunabhängig eine unveränderliche Gültigkeit besitzen, d. h. ewigen Charakter besitzen. Keine Naturwissenschaft der Welt kann durch ihre Axiome über den Zeitenstrom hinaus *Erkenntnis* herstellen. Und wer in der Ewigkeit verweilt, ist für gewöhnlich tot. Zumindest hat er sein Schicksal gefunden.

In der Stille ist nichts, nicht der Hauch der Zeit, alles ist so klar und rein, aber ärmlich an Glauben, an Möglichkeit – kein Schicksal.

Nichts wird mehr zu Ende gedacht; die kurze Befriedigung der Bedürfnisse ist allemal ausreichend bis zum nächsten Ereignis. Die Gründlichkeit des Denkens schwindet mit dem Vermögen seiner Befriedigung.

Das Menschsein ist ein schlafender Gigant und endlich ist das Schicksal durchdrungen von warmen, lichtenden Strahlen, welche den dunklen Schleier der Historie durchbohren, werden alsbald die Löcher von der ergrauten Kultur gestopft. Schon ergraut, bevor sie leben, ergraut in ihrem Handeln, und freilich, ergraut in ihrem Denken. Soll denn Maß genommen werden am vernünftelnden Guten, wo denn alle mitsamt alleine das höchste Gut beanspruchen? Das Falsche zu tun ist keine Frage der moralischen Kategorien, sondern die falsche Wahl der Mittel, den Handlungen einen gewichtigen Grund zu geben.

Bis nahe dem Erbrechen, durch das Fenster beobachtend, gleichförmige Bewegungen, Äußerungen, Bekundungen der hässlichen Menschengestalt – die Gestalt der Gleichmacher.

Das Leben öffnet sich durch das Lärmende dem reißenden Strom der Gewalten. Endloser Schmerz umhüllt das verführerische Flüstern; wehe dem, welcher ihr widersteht, sein Los ist die Einsamkeit. Ist der Mut, sich im Strome der Gewalten treiben zu lassen, nicht bloß jene Torheit, die des Lebens Vergänglichkeit zum Schutz desselben den Sinnen zu täuschen fähig ist? Dem Verdammten sein Gegenstück ist nicht der Liebende, sondern der Geliebte. Seine Pein ist die Liebe, er braucht sie nicht.

Was heißt Erkenntnis? Gibt es eine allgemeingültige Erkenntnis? Ist die Welt so verschieden und vielfältig, um es keinem Individuum zu erlauben, von ihrer ganzen Pracht kosten zu lassen? Oder ist der Mensch durch sein Vermögen selbst der Wegbereiter seiner zur Vollkommenheit strebenden Natur? Und wenn diese Natur auch die seiner Welt umwindet, hat der Mensch dann nicht die Möglichkeit, sie in ihrer ganzen Schönheit zu begreifen? Wenn diese Möglichkeit bestünde, wieso ist sie dann durch Raum und Zeit bedingt? Die Vollkommenheit der Welt ist demnach nur durch ihre Möglichkeit zu erkennen. Aber wo wird die Möglichkeit zur Kategorie unserer Erkenntnis, da sie zuvor erst gedacht werden muss und das Denken selbst nicht die Befähigung innehat, sich der Möglichkeit allzeit bewusst zu sein? Obgleich sie in Gott, den Tugenden, den Wissenschaften, den Verneinungen zugrunde liegt; wahr ist sie nur in den Taten der Menschen. Die Tat selbst ist die Hinterlassenschaft eines Endlichen. Die Handlungen des Menschen bestehen in der Möglichkeit. In ihr ist alles wahr und alles falsch. In ihr ist das Schicksal des Menschen gebunden. Der kleine, unscheinbare Geist in der Hülle des Menschen leistet ihr Widerstand; töricht, aber bemerkenswert. Der kleine Geist wächst aus ihr, in seinem fruchtbarsten, aber auch abscheulichsten Dasein. Im Schicksal ist Anfang und Ende, hier ist auch Hoffnung, hier ist alles und auch nichts, im Schicksal sind Wirkung und Ursache dasselbe.

Es müssen unverstellbare Kräfte geherrscht haben, um die Saat des Menschen zu erzeugen. Wie konnte das möglich sein?

Was es mit der Mittelmäßigkeit auf sich hat? Eine Herrschaft kann ein Volk, das sich seiner vielen Gelehrten und begabter Bürger rühmt, welche die geistige Umschau des einzelnen Bürgers fördert und eine starke Intelligenz innerhalb ihres Machtbereichs zulässt, nicht dauerhaft regieren – der Zweifel der Bürger würde die Macht der Herrschaft brechen. Kein Staat dieser Ordnung könnte seine Macht über mehrere Dekaden halten. Nicht besser steht es mit einem unterdrückten Volk – daselbst von der Kultur ausgeschlossen, blickt sie mit Neid und Verachtung auf die Herrschaft und die Privilegien, die so zu keiner Zeit ihres Lebens schmecken und noch weniger erreichen werden. Die Summe ihrer Qual und Erniedrigung wird sich eines Tages entladen und die Herrschaft wird gebrochen sein.

Beide Gangarten der Herrschaft werden letzten Endes mit demselben Schicksal besiegelt – mit ihrem Untergang. Es ist daher für einen erfolgreichen und dauerhaften Staat günstig, das Volk in dem Glauben seines freien Willens zu belassen. Beide Extreme des Volkes müssen von ihrem gesellschaftlichen Stand überzeugt sein: Das Maximum ihrer Freiheit und Selbstbestimmung erreicht zu haben. Nichts weniger lässt das Volk sein Glück erahnen, wenn es scheußlichere Kreaturen unter sich –und gleichgeartete Herrscher über sich erblickt. Und diese Form der Herrschaft über das Volk wird durch Masse, Mittelmäßigkeit und Technologie hergestellt. Die allwährende Gefahr eines Umsturzes, welche eine Herrschaft durch das Volk fürchten muss, wird in diesem politischen System auf ein erträgliches Maß geformt. Das kurze Aufflammen von Unzufriedenheit unter den Bürgern wird durch die Bürger selbst konditioniert und geächtet. Sollte aber der Unfriede innerhalb des Volkes der Herrschaft gelegen sein, wird dem Willen des Volkes genüge getan. Grundsätzlich aber streben die Menschen in einem sozialen Bund zu einem natürlichen Interessensausgleich – diese Ausdifferenzierung kann einer Herrschaft kaum dienlich sein, das heißt, sie wird Konflikte unter den Menschen säen und dafür Sorge tragen, diese Konflikte zu ihrem Vorteil auch zu beenden.

In dieser Form haben wir es mit einer absoluten Herrschaft zu tun, die ihre Macht zu verbergen weiß und das Volk selbst diese Herrschaft schützt. Anders als in absolutistischen Monarchien und Diktaturen ist der König oder der Führer usw. gesichtslos – die Macht der Herrschaft wirkt stets im Hintergrund, sie bleibt unsichtbar. Vielmehr tritt der Durchschnitt, der auf das Mittelmaß konditionierte Bürger in den Vordergrund, indem er die Geschicke und Lenkung eines Staates und seiner Institutionen mit höchst moralischen Ansprüchen genügt. Sein politisches Urteil wiegt schwerer, als es ein isolierter Potentat an der Spitze eines politischen Systems jemals fällen würde. Selbst die irrsinnigsten politischen Entscheidungen werden zumindest von einem Teil der politischen Lager eines Staates gestützt, d.h., der politische Widerstand fällt und wächst mit der moralischen Überlegenheit im politischen Wettbewerb.

Wenn wir den Begriff des Nihilismus als Träger dieser seltsamen Herrschaftsform gebrauchen, sind wir hier recht nahe bei ihren Voraussetzungen und Fundamenten. *„Souverän ist, wer über den Ausnahmezustand entscheidet."*[41] In der oben beschriebenen Herrschaftsform, die inhärent nihilistische Züge aufweist, müsste die Aussage Schmitts abgeändert werden: „Souverän ist, wer über die Schuld entscheidet." Es ist diesem politischen System demnach seine heiligste Pflicht, dem Volk und seinen Bürgern seine Schuld – auch seine ganz persönliche Schuld – zu nehmen. Denn wo die Schuldlosen herrschen und beherrscht werden, gibt es keinen erwägbaren Grund, sich gegen die Herrschaft aufzulehnen. Und Zweifel kann nur der hegen, der schuldig ist.

Der Ausnahmezustand muss in einem demokratischen System im vollen Umfang beim Souverän – dem Volk – anhängig sein. Präziser gesprochen: Der einzelne Bürger ist Potentat seiner Schuld.

Diese seltsame Entwicklung, in der eine absolute Herrschaft aus dem Schoss des Nihilismus geboren wurde, ist zudem noch

---

41 Carl Schmitt

nicht abgeschlossen – aber die Hinweise treten stärker hervor und die Umrisse einer weitreichenden Veränderung des gesellschaftlichen Lebens sind am zeitlichen Horizont wahrzunehmen. Das nihilistische Schreckgespenst, das seit jeher in der Menschheitsgeschichte für Unruhe und apokalyptische Szenarien Anlass bot, scheint nicht in der Umkehrung der Werte oder in der Sinnentleerung Gestalt anzunehmen, sondern in der Verneinung der Schuld. Die Macht selbst, die aus der Kultur eines Volkes wächst und gedeiht, darf die Verbindung zu ihren Wurzeln nicht verlieren. Das Wasser des Lebens soll bis in die letzten Fasern fließen, damit der Ertrag nicht verdirbt.

Ewige Wiederkehr der Schuld: Wer sich zu seiner Schuld bekennt, bricht ihre Wiederkehr.

In einer Welt voller Feiglinge ist der Vorsichtige bereits ein Held.

Unter Feiglingen ist der Mutige ein Verräter.

Der moderne Mensch oder genauer der Mensch der Mittelmäßigkeit hat die Fähigkeit, sich über die Sprache der Herrschaft anzunähern, durch seine Selbstkonditionierung, welche im Gebrauch der Technologie sich manifestiert, zum großen Teil bereits verwirkt. Im Grunde sind seine bedeutungslosen Versuche, sich in seinem zugewiesenen Platz in der Gesellschaft seinen Willen zu äußern, eine technologische Option, die es auszuwerten gilt. Gefahr für die Herrschaft sind die Optionen seiner Bürger selbstverständlich nicht; auch wenn der Angriff aus dem Volk drastisch über die Meinungsmacher verlautbart wird, sind die Folgen für die Herrschaft kalkulierbar. Wer die Sprache der Herrschaft spricht, kann daher keine ernstzunehmende Gegenposition aufbauen.

Wenn die Herrschaft hiernach auf Unmut aus dem Volk schreit „Demokratie!", dann bleibt der Herrscher trotzdem auf seinem Thron sitzen. Der Herrschaft sind politische Systeme ein Vehikel, das zu lenken sich nicht großartig unterscheidet – die politischen Systeme sind daher keine Voraussetzung für die Lenkbefähigung einer Herrschaft, sondern lediglich Modelle mit unterschiedlicher Technik. Ein politisches System verfault oder wächst mit der schöpferischen Qualität der einzelnen Bürger – die Herrschaft bleibt dabei unberührt.

Ich verabrede mich mit meinen Freunden in einem Restaurant; wir essen gut und unterhalten uns ausgelassen. Und das nicht, weil wir gerade in einer Demokratie leben, sondern weil es die Herrschaft uns erlaubt.

Ein fatales Verhängnis der Geschichte: Im Intrigenspiel führt die Dummheit oft Regie.

> *„Die Tränen des anderen sind nur Wasser."*[42]

Selbstaufgabe – es mehren sich die Anzeichen, dass der Einzelne sein Schicksal in die Hände von Apparaturen legen will. So meint er, die menschliche Herrschaft sei nicht gerecht genug – anstelle dieser soll die Maschine treten.

Wird der Mensch das Urteil der Maschine, die über Leben und Tod entscheiden wird, als Gerechtigkeit erfahren? Wiegt die Schuld dann geringer, wenn der Ankläger eine Maschine ist? Und wird der Tod erträglicher, wenn der Henker eine andere Maske trägt?

Den Gleichmachern wird's recht sein – denn wer kein Schicksal und noch weniger Schuld erfährt, fügt sich dem Willen der Gemeinschaft, dem konditionierten Zugang zur Wirklichkeit.

Es wirkt geradezu komisch, wenn der freie Wille des Menschen als Hindernis für die Entfaltung der Maschine gilt.

Formen der Knechtschaft – die Reduktion des Handwerkers zum Arbeiter, die im sozialistischen Klassenkampf seine Vollendung

---

42 Russisches Sprichwort

erfahren hat, muss alleinig in seiner begrifflichen Verkürzung abgelehnt werden. Die Subsummierung oder vielmehr die Deformierung des Handwerks unter dem Sammelbegriff des Arbeiters oder einer Arbeiterklasse entwertet nicht nur das Handwerk selbst, sondern auch den Menschen, der Kraft seines Willens und seiner Fertigkeit die kulturellen Rahmenbedingungen, in welcher eine Kultur wächst und gedeiht, überhaupt erst *herstellt*.

Zu glauben, dass eine globale Arbeiterklasse ohne kulturelle Wurzeln das Handwerk als kulturelle Leistung anerkennt, ist schon aus den ideologischen Grundfesten sozialistischer Formen, welche in der Arbeit bloß einen Wert erkennen, freilich hinfällig.

Wozu ein Handwerk, wenn kulturelles Schaffen ohnehin nur kapitalistischer Profitmaximierung dient? Gleichzeitig stützen sich sozialistische Utopien auf objektive Wissenschaftlichkeit und Expertentum, das immer dann schlagend wird, wenn Traditionen und Handwerkskunst nicht dem Gleichheitsprinzip entsprechen; anders gesagt, wenn der einzelne Handwerker aus dem Rahmen seiner (Arbeiter-)Klasse fällt und der wissenschaftlichen Definition des Arbeiters nicht mehr entspricht. Und dies ist bereits der Fall, wenn die Herstellung seiner Ware oder Gewerks eine höhere Qualität beansprucht, als es das wissenschaftliche Protokoll vorschreibt.

Es muss dem Handwerk daher sein größtes Anliegen sein, sich aus dem Würgegriff des Arbeiters zu befreien.

Und was den politischen Status quo betrifft, der sich global über die Gesellschaften dieser Erde erstrecken will, so müssen wir uns einstweilen als globale Arbeiter begreifen – nicht, weil es das Schicksal des Einzelnen so will, sondern weil es die Herrschaft so vorsieht.

Die Gleichmacher werden freilich den Einwand vorbringen, dass nicht der Sozialismus das Handwerk zerstörte, sondern der Kapitalismus und seine schier endlose Gier nach Wachstum und Profit. Das mag stimmen, wenn wir den Menschen auf das Instinktdasein hin reduzieren – seine Kultur als irrelevant denunzieren. Die begriffliche Terminologie und die gesellschaftliche

Positionierung des *Arbeiters* wurden aber nicht von den Kapitalisten geschaffen, sondern von der vermeintlichen wissenschaftlichen Objektivität sozialistischer Ideologien. Oder hat der Wirtschaftsboss den Menschen angewiesen, dass sie sich als Arbeiter begreifen muss? Nun denn, Handwerker, steht auf und brecht mit dem Arbeiter, der euch das Schicksal raubte! Ehrt euren Willen und die Freiheit wird folgen.

So der Bauer das Land bestellt und mit der Natur seine Zeit bestimmt, formt der Handwerker aus den Rohstoffen sein Gewerk, auf dass die Kultur ihre Vollendung erfährt.

Die Meisterschaft des Handwerkers liegt im Herstellen der Kultur – er haut das Gerüst einer lebendigen Kultur aus den Rohstoffen, die ihn umgeben.
    Reichhaltig sind seine Materialien – Stein, Eisen, Holz und Erde, Gewächs und Gezücht. Alles formt er mit geistiger Umschau – in der Vollendung seiner Werke leistet er Dienst an der Natur des Menschen. Deshalb kann ein Künstler nie Arbeiter sein, sondern im Schaffen ein Handwerker – denn ein Arbeiter stellt nicht her.

So ist er, der gute Dichter, der gedanklich harmlose Bilder malt, keiner Seele was zu Leide tut – sich selbst in der Gesellschaft gut aufgehoben sieht, sein braves Aufbegehren von der Herrschaft mit Preisen bezahlen lässt – ja, die moralische Instanz, die im Gleichschritt mit den Mächtigen marschiert, sich nicht zu schade ist, für die gute Sache Bürgschaft abzulegen, der immer dann zur Stelle ist, wenn es ungefährlich ist, aber schweigt, wenn die Gunst der Herrschaft schwindet. Und wenn es nottut, die Tränen der Unterdrückten zu trocknen, spielt er die Rolle der Wissenschaft und stellt mit ernster Miene fest, dass Tränen auch nur aus Wasser sind.

Als die Schwärze die Menschen erfasste – der dunkle Strom, der durch ihre Adern fließt, die Schwärze, die ihr leeres Herz mit Dunkelheit füllt. Was habt ihr nicht gelitten? Was habt ihr nicht geweint? – Die Leere, sie drückte euch zu Boden, schnürte euch den Atem zu. Jeder schwache Atemzug ist Hoffnung auf die Schwärze. Was Gott, was Freiheit, was Mensch? – Verflucht sei das Schicksal!

Blind wollt ihr in den Abgrund schauen – den finster ist euer Herz!!!

So frage ich euch Gelehrte und aufrichtigen Menschen: Ist es nicht auch unmoralisch, von Gerechtigkeit zu sprechen, wenn ohnehin nur einem Interesse gefolgt wird, das zudem dem Zweck einer Sache dient und eine andere Sache verneint?

Von der Verlogenheit das Richtige zu sagen – mitunter wird deutlich, mit welcher Kunstfertigkeit die, vornehm gesprochen, in ihrer doppelzüngigen Meisterschaft ihresgleichen sucht, Phrasen und Begriffe in der Öffentlichkeit gepredigt werden, die das Volk mit mütterlicher Fürsorge beschützen will, und die harte Hand der Herrschaft als notwendig schmeichelt.

Unredliches Geschwätz. Fürsorge und Wohlwollen, das unterdrücken will – lächerliches Gehabe und gespielter Ernst, der härtere Strafen für die Ungehorsamen fordert, als es die Herrschaft wünscht.

Jede Gauklerbühne würde vor Neid erblassen, wenn ihr Ensemble aus diesen ehrenwerten Damen und Herren bestünde – selbst ein erdachter Bösewicht könnte die Niedertracht dieser Herrschaften in seiner Rolle kaum erfassen.

Aber was ärgert einen Schauspieler mehr, als dass über seinen gespielten Ernst das Publikum sich vor Lachen biegt?!

Es ist ein Leichtes, das Volk zum Narren zu halten. So fordert das Volk in seiner moralischen Schwärmerei, dass es seine heiligste Aufgabe sei, das Besondere und Einzigartige zu wahren und zu schützen. Die Definitionsmacht, was denn nun einzigartig und besonders die Gesellschaft bereichern soll, obliegt aber nicht dem Volk und seinen Eiferern – sondern liegt in der Kunstfertigkeit der Gleichmacher, die nicht müde werden, in wissenschaftlicher Deutungshoheit neue Wunder zu schaffen. Mit jedem neuen Wunder ähnelt das Banale und Gemeine dem *Einzigartigen*.

Und damit die Herrschaft wohl über die Einzigartigkeit wachen kann, muss das Besondere dem Mittelmäßigen weichen. In der Herrschaft der Gleichmacher ist der Durchschnitt der Maßstab des Besonderen – denn wo der Durchschnitt schwindet, oder gar fehlt, lebt es sich als Herrschaft gefährlich.

Von den Merkmalen der Gleichmacherei – die große Leistung, die der ältere Mensch zurecht für sich beanspruchen kann, ist die Gleichstellung vor seinem Gott. Da der antike Mensch wohl wusste, dass die Natur sich in der Unterschiedlichkeit und Vielfalt am wohlsten fühlt, konnte die Barmherzigkeit und Gnade, welche ein Mensch erfahren sollte, nur von der Transzendenz, von einer fernen Entität her begriffen werden. Dass die rechtliche Gleichstellung des Menschen der Gerechtigkeit selbst nicht genügen kann, ist gerade aus dem kreatürlichen Charakter des Menschen abzuleiten. Gemeinsame Ziele und Interessen sind weder von Dauer noch ist das gemeinsame Schicksal ein natürlicher Charakterzug des Menschen – allzu oft erwächst aus der gerechten Sache eine gnadenlose Schlacht um Herrschaft und Macht. Die zeitliche Dauer politischer Systeme gründet sich in der Feinheit und Ausdifferenzierung der staatlichen Institutionen, die in größtmöglicher Analogie zur menschlichen Natur, die Geschicke und Konditionen des menschlichen Zusammenlebens gewährleisten sollen. In einer vitalen und lebendigen Kultur entspricht das Herrschaftssystem dem Willen und dem Schicksal des einzelnen Bürgers – und gerade dieser Umstand lässt die Herrschaft in steter Unruhe zittern, denn die Gefahr, die erworbene Macht zu verlieren, ist allgegenwärtig. Mit der Macht lebt es sich zwar gut im Verborgenen; aber wer aus dem Schatten tritt, wird erkannt werden.

Was also der Herrschaft eine dauerhafte Präsenz ermöglicht, ist das Herstellen von Gleichheit. Eine Gleichheit, die sich über die Natur hinaus begreift – die mehr verschweigt als offenbart.

Sie behauptet, dass alle Unterschiede – selbst die Augenscheinlichen – vom Menschen selbst konstruiert wurden. Und all die Grausamkeiten und Ungerechtigkeiten haben ihren Ursprung in der menschlichen Vielfalt, die sich endlich im freien Willen des Menschen empört.

So als hätte die Natur keinen Einfluss auf ihre Früchte, aus dessen Schoss sie geboren und gewachsen sind – die Entfaltung der menschlichen Freiheit als widernatürliches Gebaren, dass sich gegen die Natur selbst richtet. Hier setzen die Prinzipien der Gleichmacher an, indem sie die Unterschiedlichkeit des Menschen – aus der die Freiheit erwächst – nur in den niederen Instinkten menschlichen Ausdrucks erkennen. Als ob der freie Wille des Menschen bloß zum Tierischen taugt und das wissenschaftliche Protokoll diese Annahme nur noch bestätigen muss.

Schon im Christentum sind die Bausteine, aus denen sich die Gleichmacher ihr Utopia bauen, bereits gelegt – nichts wiegt im Christentum schwerer als die Schuld. Und für Gnade und Vergebung sorgte schon der gekreuzigte Leib Jesus Christus. Aber wie wollen die Gleichmacher die Schuld des Einzelnen, sein Schicksal, welches ihm sein freier Wille gewährt, vergeben? Und wie kann ein Mensch, der sich ohnehin nur mehr in der Anzahl unterscheidet, sich als Individuum schuldig machen? – Die Antwort hierauf ist geradezu einfach: indem dem Menschen sein Schicksal genommen wird. Der Mensch, der in der alten Welt nach dem Ebenbilde Gottes um sein Schicksal stritt – und im Ebenbilde Gottes auch den anderen Menschen als gleich zu erkennen suchte – dieser Mensch muss heute mit der Gewissheit leben, dass er weder göttlichen Ursprungs ist noch einen freien Willen besitzt, um den Menschen in seiner Einzigartigkeit zu erkennen. Das ist das zentrale Werkzeug, welches den Utopien der Gleichmacher Konturen verleiht und mit fortschreitender Technologie auch mit Inhalt füllt. Das Böse auf der Welt war immer schon – nur in der Gleichmacherei ist die böse Tat bereits vollendet, ohne dass ein freier Wille ihr vorausging.

In Hinblick auf die Offenbarung des Johannes sei über die Gleichmacher gesagt:

„Und es wurde ihm erlaubt, mit den Heiligen zu kämpfen und sie zu besiegen. Es wurde ihm auch Macht gegeben über alle Stämme, Völker, Sprachen und Nationen."[43]

Aber ihre Macht ist enden wollend.

Wenn sich einer doch Arbeiter schimpfen will, soll er meinetwegen Arbeiter bleiben. Als ob eine Masse von Arbeitern seinen Stolz und seinen Ansprüchen genügen kann! Als ob das gemeinsame Schicksal von Abermillionen Menschen, die ein schäbiges Dasein in Armut verleben, Stolz hervorrufen kann!!!

Ein Stolz, der sich aus seiner Ausbeutung, der Geringschätzung Bessergestellter und einer versoffenen Großherzigkeit nährt – und nur dann nach Aufmerksamkeit geift, wenn sich ein anderer Genosse aus der sogenannten Arbeiterklasse erhebt und sein Schicksal bestimmt – sei es als Handwerker, Unternehmer, Gelehrter oder einfach als freier Mensch. Es ist der Stolz eines Sklaven, der gewissenhaft seinem Herrn dient, obwohl das Tor zur Freiheit angelweit offensteht. Und wenn er dann, der Arbeiter, doch noch den Mut aufbringt, seinem freien Willen zu entsprechen, dann werden ihn die Genossen schon eindringlich daran erinnern, wie es um seine Gleichheit bestellt ist.

Wo es Größe gibt, da gibt es auch Elend. Wo es keine Größe gibt, da gibt es Mittelmäßigkeit und noch mehr Elend.

Die Zukunft des Menschen liegt nicht in der linearen Zeit; ein Stück weit Ewigkeit im Leben lässt hoffen.

---

[43] Offenbarung des Johannes, Kap.13, 7

*„Ein jeder Mensch trägt in dieser Welt Himmel und Hölle in sich;
welche Eigenschaft er erwecket, dieselbe brennet in ihm,
dessen Feuers ist die Seele fähig."*[44]

Möge das Feuer der Freiheit ewig brennen, auch wenn der kalte Wind aus den Apparaturen immer stärker bläst.

Von der Gewalt – schon gequält ist der Leib, wenn aus der Ferne die Schergen nach Gerechtigkeit schreien, ja – selbst das Kind scheint der Herrschaft ein gefährlicher Gegner zu sein. Die Marodeure verstehen ihr Handwerk: den Geist in die Enge treiben – welcher sich über dem Leib entleeren muss, der Geist, welcher sich um den Verstand bringen muss! Verderbt und verfault sind die Gedanken der Unterdrückten – abscheulich der Ausdruck, Leere wohnt in den Herzen – für die Schwärze bereit.

Die Gedanken der Elenden wollen mit der Tat gefüllt werden, vergebens – die Büttel stechen zu! Das Blut der Drangsalierten soll fließen, denn die Gewalt zerfetzt die Schwärze in ihren Herzen.

Erleichtert atme ich auf; es war nur ein Traum. Doch die Erinnerung wird bleiben. Ach, ... so sollen sie nur kommen, ich bin bereit!

Vermutlich Agrippa von Nettesheim:

*„Alle Künstler sind Narren, alle Wissenden sind unsinnig;
er ist vor eitel Weisheit ein Narr."*

Sie, die Gelehrten und Wissenschaftler, sollten unsere Fürsprecher und Advokaten sein, aber sie wollen unsere Herren sein. Die Gunst der Mächtigen haben sie erfahren, der dumme Pöbel soll verderben unter ihren erlauchten Füßen. Ihr Gelehrten

---

44 Jacob Böhme

und mittelmäßigen Quacksalber, schert euch nicht um das Volk, schafft, was ihr zu schaffen habt – meinetwegen kauft euch die Wahrheit oder lasst sie euch schenken.

So sagt mir aufrichtig, Ihr Herren, ob die erworbene Macht euch zu bessere Menschen formte? – Denn je stärker die Macht von eurem Geist Besitz ergreift, desto klarer scheint ihr das Böse zu erkennen.

Lauert es nicht hinter jeder Ecke? – Ist die Rechtschaffenheit der anderen nicht bloß eine Täuschung? – Kann die Wahrheit überhaupt den Machtlosen offenbart werden? – Und endlich, kann das Gute ohne Macht auch wirksam sein?

Der Teufel wird recht gut wissen, welches Feld er in der menschlichen Seele bestellen muss, damit das Böse wohl vortrefflich gedeiht.

Mit Eifer werden sich die Gelehrten daranhalten, die letzten Rückzugsorte und Winkel der Gesellschaft auszulöschen. Die Vielfalt soll vergehen und verenden. Die Gräben zwischen den Menschen sollen mit But geflutet sein. Und sie werden ihr Werk gründlich verrichten. Aber wie so oft werden auch sie ihrer Erbarmungslosigkeit und Dummheit zum Opfer fallen – denn auch in blinder Raserei wird die Bestie ihren Meister finden.

Der Tag wird kommen – und die Abgründe der Menschen vereinen sich zu einem Ganzen. Zu groß der Abgrund, als dass der Mensch seine Flügel öffnen könnte, um den Schicksalsflug zu wagen – und das mahnende Auge, welches aus der Seele des Menschen spricht, wird für immer geschlossen sein.

Ich kenne euch, die ihr Gerechtigkeit fordert – gebilligt von den Herren dieser Welt!

Es grinst der Narr den Teufel an, als ob das Werk das Seine wäre. Der Spott des Narren gilt dem Volk – nach jeder Pointe wird gelacht, am lautesten schallt es aus der dunklen Ecke, kaum im

Licht: Wenn das nicht der Teufel wäre, dann wäre wohl des Narren Spott eine Komödie.

Wenn aus einem Narren ein Hofnarr wird ...

Von der Stärke – im Begriff Stärke liegt viel Unbehagen und Ablehnung – zu Unrecht, will ich meinen. Als ob Täter und Opfer, Herrschaft und Volk oder Mehrheit und Minderheit sich in ihrem Verhältnis zueinander, also nur im Verhältnis zu ihrer Stärke bedingen. Vorweggenommen: Die Moral ist hierin ein schlechter Ratgeber – denn in erster Instanz verschleiert die Moral die Schwächen der Menschen, schlimmer noch, sie gibt den Unredlichen, den Zu-kurz-Gekommenen, den Missratenen den Anstrich von Stärke. Die herrschende Moral ist immer auch die Tarnkappe menschlicher Unzulänglichkeiten.

Stärke hat seinen Ursprung also nicht – und in keinem Fall – im moralischen Eifer; ferner auch nicht in der Büttelwirtschaft der Herrschenden. Sie liegt im Gebrauch des freien Menschen, der kraft seines Willens seinem Schicksal folgt. Eine vitale Kultur kann seine Zukunft nur auf festen und starken Säulen bauen: Das Starke soll gestärkt werden, das Schwache muss stärker werden.

Nur eine starke Kultur mit starken Menschen wird die Schwachen beschützen und diese auch stärken. Heuchlerische Milde und Büttelmoral schafft einen mittelmäßigen Geist, der alles verachtet, was größer und edler ist – was schlichtweg *anders* ist – als sein verkümmerter und missratener Geist.

Die heutige Welt begreift ihre Kultur in der Schwächung der Individualität, in der Vorwegnahme der freien Entscheidung – das Starke soll schwächer werden, das Schwache muss gestärkt werden. Erst wenn alle menschliche Größe und Stärke auf ein Mittelmaß, auf mäßig geistige Qualitäten hin deformiert wurde, können sich die verdorbenen Elemente erheben und Rache an denen verüben, die über die Mittelmäßigkeit hinausragen. Es ist einerlei, ob am Ende die Starken in Reichtum oder Armut leben, sich im Gelehrtenstand oder durch ein Handwerk ihr Brot verdienen – nicht die äußerlichen Umstände oder gesellschaftliches Ansehen und Ämter bestimmen die Stärke, sondern die Macht, die aus aus einem freien Willen lebendig sprießt und für alle Menschen sichtbar ist.

Dass unsere Schulgelehrten die Stärke allenfalls als Instrument der Unterdrückung begreifen und lehren, und selbst körperliche Stärke ihrer konstruierten Gleichheit störend ist, muss gewarnt sein, dass die Verachtung und die Zerstörung der Stärke nicht nur den Despoten in seiner Macht beschränkt, sondern auch den Unterdrückten im Zustand der Schwäche zurücklässt. Mag der Despot zwar von seiner Schwäche wissen, die Unterdrückten wissen hingegen nichts von ihrer Stärke.

> Die Maximen der Herrschaft –
> der da sieht die Wahrheit vor dem Auge,
> soll von ebendieser erblinden.
> Der da sagt, die Sprache sei vergiftet, soll
> von ebendieser verstummen.
> Der da hört, dass die Lüge gesprochen
> wird, soll von ebendieser taub werden.
> Der da wandelt gerecht auf dieser Erde, soll
> von der Herrschaft totgehauen werden.

So erhebe dich Geist und erstrahle – du siehst, auch das Auge kann dich täuschen. So mögen die dunklen Nächte nun enden!

> In Übermut dem Alten trotzen,
> denn die Freiheit quillt aus allen Poren,
> Passt nur auf ihr strengen Wächter:
> Die Jugend ist geboren!
> Hinfort mit euch, ihr lahmen Esel,
> lasst ab vom glühenden Geist,
> denn alter Rat beseelt die Toten,
> der alles Lebendige in die Tiefe reißt.

Als der Teufel die Menschen versuchte, hat er den Großteil der Menschen großzügig übersehen – denn selbst dem Teufel ist der schlichte Verstand liebenswürdig.

Die christliche Kirche ähnelt heute einem abgestorbenen Baumstumpf, dessen fehlendes Geäst der geistigen Reichweite, und die fehlenden Früchte der geistigen Tiefe gleichen. Die, welche das Wort Gottes in den Kirchen und Kathedralen predigen sollen, begnügen sich mit weltlichen Genüssen und dogmatischen Irrlichtern – können sich kaum satt essen am moralischen Dünkel der politischen Herrschaft. Das unerträgliche Gefasel verhöhnt den Glauben und lässt den Geist der Menschen hungern. Wozu glauben, wenn wir wissen ... diese abgeschmackten, eitlen Pfaffen.

> Ein lahmer Geist verdirbt die Herzen,
> und mit dem Schweigen schwillt die Lüge.
> Seht hin, die Freiheit, sie ringt nach Luft,
> zuckt und windet sich, ein sterbendes Wort,
> geschunden und bald vergessen!

Ein Narr ist, wer widerlegen will, was er nicht beweisen kann.

Der Fluss des Lebens färbt sich zuweilen rot – klar und rein ist sein Ursprung, auch wenn aus seinen Adern das Blut hervorquillt.

Und wenn sie dann endlich in den hohen Ämtern sitzen, wird ihr Geist durch Lüge und Verrat – und ihr Herz durch Neid und Hass bereits verdorben sein.

Jeder Mensch trägt seinen Mythos mit sich – da die Furcht vor dem Tode – oder seine Überwindung – in der bloßen historischen Betrachtung nicht nur keinen Sinn ergibt, sondern in der kurzen Zeitspanne, in welcher der Mensch um sein Schicksal ringt, der Tod sich geschichtlich über das Leben stellt. Selbst das Mineral, das seit Urzeiten am Grunde des Meeres liegt, längst verschwundenes Getier und wunderliches Gewächs überdauerte, und das Hervortreten des Menschengeschlechts nur eine winzige Episode in den Äonen des Gesteins einnahm, ist dieses Gestein in seinem Wissen – die Zeichen seiner Zeit – selbst Mythos. Mythos deshalb, weil selbst die frühesten Erinnerungen und – Zeichen seiner Zeit – des Menschen nicht ausreichen, um das Schicksal des Gesteins zu umreißen.

Die Gelehrten können das Alter und die Ursache des Gesteins am Meeresgrund bestimmen, seine Zusammensetzung und seine Herkunft, aber nicht sein Vergehen. Es wirkt geradezu befremdlich, wenn nun die Gelehrten meinen, das kosmische Ereignisse – Lichtjahre entfernt – unseren Planeten formten, sich aber vor dem historischen Tod des Menschen fürchten und nicht müde werden, Strategien zu entwerfen, um das Vergehen des Menschen zu verhindern. Freilich, den Menschen als Mythos zu begreifen, heißt auch, seinen Geist im kosmischen Ereignis zu wissen – aber dem geschichtlichen Menschen sein größter Gedanke ist sein plebejischer Eifer, sich mit der titanischen Natur – dem Logos – zu messen. Und dies nur unter der Voraussetzung, dass der menschliche Geist selbst ein kosmisches Zufallsprodukt darstellt.

Es sind die größten und schönsten Bibliotheken der Welt überflüssig, wenn ebendort nach dem Bösen gesucht wird, aber das vermeintlich Gute bereits aus dem Geiste spricht.

Der Geist muss ruhen, bevor er strahlt – der Mensch muss leben, bevor er stirbt. Im Schicksal erstrahlen die Lebenden; und die Toten sind Geist.

Held kann jeder sein, der sich seines Schicksals annimmt. Das ist auch der große Mythos, sein metaphysischer Glanz, sein Dasein überhaupt, welches der Mensch mit sich trägt – eine Kraft, die über den historischen Menschen hinausragt. Wenn es Hoffnung für den Menschen geben sollte, dann führt uns der Mythos zum Logos – nicht umgekehrt.

Die Frage, die letztlich von Belang sein wird: Wie stehen wir zum Tode?

Furcht und Zittern vor der Menschen Dummheit und Grausamkeit.

Die Herrschaft schneidet Scheiben aus den Gehirnen der Menschen – mit feinem Werkzeug und großem Geschick. Und die leeren Stellen füllen sie mit Macht und Moral.

Die Gleichmacher sind Techniker des Todes – ihre Barbarei ist methodisch. Sie folgen keinem Ritual.

Was ist heilig am Menschen? – So wir den Begriff heilig gebrauchen wollen. Immerhin haben die Religionen Menschen zu Heiligen gemacht – zu Märtyrern ihres Glaubens. Vielleicht sind es auch besondere Charakterzüge – wer weiß: edel, erhaben und unschuldig!?
Oder ist es einfach die Schuld, die sie auf sich nehmen – den Kreuzgang – das Leid, dass auf die Schuld folgt?
Die Affirmation der Schuld, ohne dass Gerechtigkeit gesprochen wurde? Der mutige und aufrechte Gang auf dem Grat, der die Lebenden von den Toten trennt?
Heilig ist der Täter, der kein Opfer hat – aber sein Opfer den Tätern vergeben will?
Heilig ist alles, was nicht in der menschlichen Erfahrung seinen Ursprung hat. Der Berg ist heilig, schon vor der Geburt der Menschheit, und nachdem der letzte Mensch die Erde verlassen hat, thront er über den Niederungen und streift die abertausenden Generationen von Menschenleben als unmerklich Ding von seinen Hängen und schroffen Felsen ab. Der Mensch, der den Berg erklimmen will, muss über den Grat zum Gipfel – der Grat scheidet das Leben vom Tode und der Gipfel öffnet dem Menschen das Tor zur Ewigkeit.
Und so ist das Meer in seiner Tiefe, die Vielfalt der Geschöpfe dieser Erde – alles, das nicht dem menschlichen Geschick

Untertan ist – heilig. Und so kann nur ein freier Mensch – ein schuldiger Mensch – der auf dem Grat des Schicksals wandelt, auch heilig sein. Wir wissen wohl, dass die Finger auf einer Hand ausreichen, um diese Menschen zu zählen.

Ach, unser Leben ist doch ein unergründliches Jammertal, seufzen die mittelmäßigen Plebejer auf ihren billigen Plätzen. Die Herrschaft lässt uns nur von den Resten kosten, die sie in ihrer verschwenderischen Großmannssucht auf das Volk werfen. Was? – Was sagt ihr?!!! Schuld sind doch die Querulanten, die Miesepeter, die uns den Aufstieg in die erlauchten Sphären der Gesellschaft durch Ungehorsam, durch ihren sogenannten freien Willen auf ewig verhindern. Dieses unnütze Pack, gegen allen wissenschaftlichen Rat und aufgeklärte Vernunft – gegen die vertraute Fürsorglichkeit unserer Herrscher, gegen die hoheitliche Meinung unserer Meinungsmacher trotzen sie in kindlicher Einfalt den Gesetzen der Vernunft. Mit Verlaub: Sie sind eine Last! Die Herrschaft täte gut daran, sich diesem Pack anzunehmen – schon allein, um unseren Frieden zu wahren.
Überzeugt von der geheiligten Sache, rüsten die aufgeputzten Büttel zum Feldzug gegen die Unruhestifter. Gründlich verrichten sie ihre Arbeit – kein Verrat ist schändlich genug, keine Grausamkeit zu barbarisch, um der Herrschaft zu gefallen. Schon bald übertrifft der Eifer den herrschaftlichen Willen – Zeit, die Barbarei zu beenden, spricht die Herrschaft. Eingebettet in wohlfeiler Menschenliebe.

Herrschen heißt: das Verteilen von Schuld – und das Verteilen von Menschenhand war zu keiner Zeit gerecht.

Kein Mensch hat den Tod verdient; denn der Wert eines Lebens misst sich nicht an dessen Ende.

Der Zorn nährt sich aus der Ungeduld; und Gefühle schmeicheln dem Augenblick.

... denn der Wert eines Lebens ergründet sich nicht aus seinem Ende.

> *Was aus der Freiheit Lust seinen Anfang hat/*
> *das stehet mit der Wurzel in einer himmlischen Eigenschaft/*
> *und mit dem Leibe in einer irdischen/*
> *als das ewige stehet in der Zeit/*
> *und offenbaret mit der Zeit.* [45]

Um sein Schicksal zu greifen, braucht es zwar keinen Himmel – auch ohne Gott lässt ein mutiger Blick über die Schneide der Zeit das Kostbarste erahnen.

Die Freiheit ist ein derart zartes und zerbrechliches Wesen, sodass ihr schwaches Licht stets verteidigt werden muss, um im Zeitenstrom sichtbar zu sein – dauerhaft strahlt die Freiheit nur im ewigen Raunen außerhalb. Denn um uns nimmt die Schwärze rasch an Dichte zu.

Wird ein Tier in die Enge getrieben, wird es sich zu wehren wissen. Gesetzt sei, dass es seinen Instinkten vertraut. Kann der moderne Mensch sich zur Wehr setzen? – Dazu müsste er aber um seine Freiheit wissen.

Ach, wieso mussten wir den Missratenen und Taugenichtse das Rechnen beibringen!? Die Kirche hatte mit einem recht: Der mittelmäßige Plebejer sollte dumm gehalten werden, damit er nicht glaubt, er wäre klüger als ein Esel! Und ein Esel wird leicht bockig und stur ist er allemal.

> *„Merus doctor, asinus merus"*

Wer nicht den Gesetzen der Masse gehorcht, gilt der Herrschaft als gefährlich.

---

[45] Jacob Böhme

Über Emotionen regiert die Herrschaft die Massen – nicht den Staat.

So wir die Deutschen in ihrer geistigen Verfasstheit zusammenfassen wollen, bleibt ein bitterer Geschmack zurück – gerade die Freiheit sollte den Deutschen großes Kopfzerbrechen bereiten – nein, vielmehr sollte die Freiheit bei aller deutschen Gründlichkeit keine Rolle spielen. Der Mut, sich der Freiheit als Einzelner anzunehmen, das war nie eine deutsche Tugend. Wenn, dann im Eifer einer Sache, einer großen Sache, einer gerechten Sache, gar einer heiligen Sache oder der sozialen Sache – nur nicht der ihrigen, der eigenen ganz persönlichen Sache. Nie stand die Freiheit auf dem Prüfstand des Eigeninteresses – immer stand die Sache im Interesse aller Deutschen. Das größte Wagnis, das die Deutschen gewillt waren einzugehen, war *die Freiheit seiner selbst willen*. Nicht doch, es wäre doch geradezu obszön, sich aus freien Stücken in den Tod zu reißen. Selbst wenn ein ganzes Volk vorher in weiser Vorsicht dem Sensenmann die Hand schütteln muss.

Und doch leuchten die Sterne über dem Gesetz der Menschen – dunkle Zeiten sind nie von Dauer.

DER VERLAG

VINDOBONA
VERLAG SEIT 1946

ein Verlag mit Geschichte

Bereits seit 1946 steht der Vindobona Verlag im Dienst seiner Bücher und Autoren. Ursprünglich im Bereich periodisch erscheinender Journale tätig, präsentiert sich der Verlag heute als kompetenter Partner für Neuautoren am deutschen, österreichischen und schweizerischen Buchmarkt. Engagement, Verlässlichkeit und Sachverstand – das sind die Grundpfeiler, auf denen der Verlag seit jeher sicher steht.

Sie möchten mit Ihrem Werk das vielseitige Verlagsprogramm bereichern? Der Vindobona Verlag garantiert Ihnen eine professionelle Prüfung Ihres Manuskriptes durch das Lektorat sowie eine zeitnahe Rückmeldung.

Genauere Informationen zum Verlag finden Sie im Internet unter:

www.vindobonaverlag.com

DER AUTOR

Alexander Merl, 1980 in Kärnten geboren, studierte Philosophie und Politikwissenschaft in Wien. Die dogmatischen Grundstimmung unter Lehrenden und Studierenden veranlasste Merl, keine akademische Laufbahn einzuschlagen – Undenkbar sind die Pfade der bürgerlichen Gesellschaft. Fern vom universitären Umfeld arbeitet er weiter an seinen Manuskripten, präzisiert und ordnet seine Gedanken, mit dem Ziel, eine neue philosophische Perspektive auf die Zeit zu ermöglichen. Mit „Fragmente eines Schuldigen" wird nun sein erstes Buch publiziert und stellt die Grundzüge seines Denkens dar – eine Propädeutik seines Denkens.